근대의 역습

근대의 역습

우리를
디자인한
근대의
장치들

오 창 섭

우리 를 디 자 인 한 근대 의 장치들

여기 한 남성이 있다. 지나치리만큼 평범한 그는 오늘도 어제처럼 지하철에 몸을 실었다. 언제나 그렇듯이 지하철 안은 빽빽하다. 사람들 사이로 좌석에 앉아 있는 행운아들이 보인다. 몇몇은 지난밤 끝을 확인하지 못한 꿈을 이어가고 있고, 몇몇은 스마트폰 화면을 주시하며 경배를 드리고 있다. 오늘도 그의 자리는 없다. 하지만 환승역이 다가온다. 이제 곧 그에게도 앉아서 가는 작은 행운이 찾아올지 모른다. 환승역의 문이 열렸다. 지하철에서 사람들이 튕겨져 나간다. 휩쓸리지 않으려고 손잡이를 잡고 버티고 있는 그를 밀치며 누군가 한마디 하고 간다. "에이 씨―."

이른 아침 지하철을 타 본 사람은 안다. 우리가 어떤 세계에서 살고 있는지를 말이다. 객차에서 내린 사람들은 어딘가로 걸음을 재촉한다. 그들의 얼굴에는 표정이 없다. 그들은 말도 없다. 무표정한 사람들의 흐름, 단지 발소리만을 울려대며 빠르게 이동하는 모습은 공포스러울 정도다. 그들은 아마도 목적지로 향하고 있을 것이다. 누군가에게는 회사일 수 있고, 누군가에게는 학교일 수 있으며, 누군가에게는 학원일 수도 있다. 누가 시키지 않아도 일정한 시간에 일어나 정해진 시간에 늦지 않기 위해 걸음을 재촉하는 모습은 이제 우리 모두에게 당연한 일상이 되었다.

남성이 고개를 들고 여기저기를 살핀다. 사람들이 썰물처럼 빠져나갔지만 여전히 지하철 안에는 사람들이 많다. 혹여 자리가 생길까 좌석이 있는 쪽으로 이동해 보지만 자리가 생길 기색은 보이지 않는다. 앞에 앉아 있는 한 여성이 정적을 깨고 친구와 통화를 한다. 아침시간 지하철 안에서의 통화는 분명 용기를 필요로 하는 일이다. 용감한 그 여성은 주위의 시선에 신경 쓰지 않는 눈치다. 어젯밤 회식자리에서 누군가 자신에게 던진 "요즘 얼굴이 좋아졌네."라는 말에 화가 난 모양이다. 칭찬일 수도 있었던 그 말은 그녀를 경유하여 살이 쪘다는 의미로 바뀌었다. 미용과 다이어트를 위해 얼마나 많은 노력을 기울이고 있는지에 대해 장황설을 늘어놓는 그녀 위로 성형외과 광고가 보인다. "5살이나 많은 여자한테 내 남자를 뺏겼다. OO 성형외과!"

내려야 할 역에 도착했다는 방송이 들린다. 여전히 투덜대고 있는 그녀를 뒤로하고 그는 객차에서 내린다. 무심하게 움직이는 에스컬레이터를 타고 지하철역을 빠져나온 그의 얼굴에는 표정이 없다. 무표정한 그를 소실점을 향해 도열한 거리의 가로수들이 맞이한다. 한편에서는 자동차들이 도로를 따라 질주하고, 다른 한편에서는 빌딩들이 하늘을 향해 질주한다. 그 사이로 그와 다르지 않은 표정을 한 사람들이 걸음을 재촉한다. 오늘 하루를 보낼 곳, 어제도 그제도 별반 다르지 않은 하루를 보냈던 그곳을 향해서 말이다.

여기 한 여성이 있다. 얼마 전 그녀는 수년간 다니던 회사를 그만두었다. 초등학교에 다니는 아들에게 보다 많은 관심을 쏟기 위해서다. 오늘은 아들 반 학부모 모임이 있는 날이다. 무엇을 입고 나갈까? 이 옷 저 옷을 걸쳐 보지만 영 마음에 들지가 않는다. 시계를 본다. 이제 나가야 할 시간이다. 작년에 백화점 할인코너에서 산 원피스가 마침 눈에 들어온다. 그래도 백화점에서 산 옷이 아닌가? 그녀는 그것만으로 충분하다고 생각한다.

약속장소인 카페에는 이미 몇몇 엄마가 나와 수다를 떨고 있다.

언제나 그렇듯이 관심은 아이들 교육이다. 효민 엄마가 OO영어학원에 대한 이야기를 이어간다. 아무나 들어갈 수 없는 학원이란다. 테스트를 통해 자격이 되는 아이들만 입학할 수 있다는 그 유명한 학원! 효민 엄마는 효민이가 그 학원에 다니게 되었다고 자랑을 늘어놓는다. 지수 엄마가 학원은 영어능력 향상에 한계가 있다고 반론을 편다. 언어는 현지에서의 경험이 중요하기 때문에 어학연수를 1년 정도 다녀와야 한다는 것이다. 지수는 작년에 이미 캐나다에 있는 사촌 집에 머물면서 영어연수를 마치고 돌아온 터였다. 세환 엄마가 화제를 수학으로 바꾼다. 요즘 좋은 대학에 입학하려면 초등학교 때부터 수학의 기초를 튼튼하게 다져야 한다는 것이다. 조용하던 찬영 엄마가 드디어 입을 열었다. 고학년이 되면 문제를 몰라서 못 푸는 것이 아니라 문제의 뜻을 이해하지 못해서 틀리기 때문에 논술학원을 다녀야 한다고……

　　그녀는 저 멀리서 두려움이 밀려오는 것을 느낀다. 혹시 하나뿐인 자신의 아들이 다른 아이들보다 뒤처지는 것은 아닐까? 어학연수를 보내야 하나? 아니면 학원을 옮겨야 하나? 정말 내가 자식을 잘 키우고 있는 것일까? 두려움은 꼬리에 꼬리를 문다. 하지만 이미 그녀의 아들은 동네 영어학원을 다니고 있다. 수학 과외도 받고 있다. 심지어 태권도학원과 피아노학원도 다니고 있다. 얼마 전부터는 요즘 유행하는 창의력 향상 놀이미술학원도 다니기 시작했다. 아이의 미래를 위해 이 정도면 됐다고 생각하고 있었다. 하지만 논술은 빠져 있지 않은가? 과외비로 가계 수입의 절반이 들어가는 상황에서 이제 논술학원이 새롭게 추가되어야 한다는 생각을 하니 머리가 멍해 온다. "인생이 자식을 위해 존재하는 것 같다."라고 했던 지난밤 남편의 푸념이 귓속에서 맴돈다.

걱정에 잠시 주위를 뺏긴 사이, 학급 반장의 엄마가 카페로 들어왔다. 그 카리스마에 하마터면 모두들 자리에서 일어나 그녀를 맞을 뻔했다. 모임 때마다 화려한 의상을 걸치고 나타나 상대적 빈곤감이 무엇인지를 절감하게 해주곤 했던 바로 그 엄마다. 오늘은 올봄에 출시된 에르메스 원피스를 걸치고 나왔다. 가방도 저번에 보았던 그 가방이 아니다. 백화점에서 산 루이비통 '신상'이라고 자랑을 늘어놓는다. 그 말을 들으며 몇몇 엄마는 백화점 할인코너를 기웃거리던 자신들의 모습을 떠올렸다. 물론 그녀도 예외가 아니다.

많은 철학자들이 인간의 자유와 성찰적 능력에 대해 이야기해 왔다. '대자對自'를 이야기한 사르트르도 그중 하나일 것이다. 인간에게는 고정된 본질이 있는 것이 아니어서 그 스스로가 자유롭게 자신을 만들어 갈 수 있다는 이야기는 아름답기까지 하다. 그런데 경험적 차원에서 보면 사람들은 그렇게 자유롭게 사는 것 같지 않다. 지금의 삶의 방식이 마치 태초부터 주어지기라도 한 것처럼 어떠한 의심도 품지 않고 순응하며 살고 있는 이들이 많기 때문이다. 그들을 보고 있노라면 우리에게 과연 성찰의 능력이 있기는 한 것인지 의심스러워진다. 무엇이 우리를 자유롭지 못하게 하는 것일까? 무엇이 다른 삶의 가능성을 보지 못하게 하는 것일까?

이 지점에서 두려움이라는 감정에 주목할 필요가 있다. 두려움은 우리로 하여금 타인들이 욕망하는 것들을, 그들의 방식으로 욕망하도록 만드는 강력한 추진체이면서, 노예의 삶에 성찰의 메스를 들이대지 못하도록 막는 방어막이기 때문이다.

현대인들을 감싸고 있는 두려움의 내용은 다양하다. 경쟁에서 뒤처지는 것은 아닐까, 취업을 못하는 것은 아닐까, 타인으로부터 무시당하는 것은 아닐까, 사랑받지 못하는 것은 아닐까, 경제적 어려움이 닥치는 것은 아닐까, 건강이 나빠지는 것은 아닐까……. 그런데 이 두려움의 내용들을 자세히 들여다보면 어떤 공통점이 있음을 발견하게 된다. 아직 일어나지 않은 일, 다시 말해 가능성으로만 존재하는 미래의 일이라는 공통점 말이다.

현대인들이 떠올리는 미래는 암울한 모습으로만 존재하지 않는다. 때로는 밝은, 지나치게 밝은 미래가 유혹의 눈길을 보내며 그들

주위를 서성거린다. 주위를 맴도는 미래는 그들의 것이 아니다. 그것은 역사를 통해 형성된 특정한 권력 배치의 산물이다. 그 권력의 배치는 미래라는 시간의 막을 크게 펼쳐 놓고 매혹적인 환영을 투사한다. 그리고는 말한다. 행복이 바로 거기에 있다고, 자신이 설정한 욕망의 흐름을 따르면 그 행복에 다가갈 수 있다고, 자신이 마련한 삶의 방식을 따르면 그 환영이 실현될 수 있다고 말이다. 환영은 모든 결과를 원인에 종속시키는 인과율, 진보라는 근대적 시간관, 세계를 수단으로 보는 도구적 세계관에 기대어 해상도를 높여 간다. 하지만 그것이 아무리 그럴듯하게 보일지라도, 근대적 권력의 배치가 투사하는 환영은 환영일 뿐이고, 따라서 거기에서 행복을 찾는 것은 쉬운 일이 아니다.

그럼에도 불구하고 오늘을 사는 현대인들은 미래의 스크린에 비친 환영에서 행복을 찾으려 한다. 그래서 현대인들에게 행복한 현재는 없다. 현재는 미래에 이르는 수단이며, 얼마든지 희생할 수 있는 순간일 뿐이다. 이러한 이해 속에서 현대인들은 현재의 삶이 자신을 속일지라도 슬퍼하거나 노하지 않는다. 설움의 날을 참고 견디면 기쁨의 날이 온다는 것을 믿기 때문이다. 현대인들은 미래, 오늘보다 나아질 것을 떠벌이는 미래만을 바라보고 사는 미래의 신자들이다. 그들은 미래에도 아마 미래를 위해 살고 있을 것이다. 어쩌면 영원히 오지 않을 그 미래를 위해서 말이다.

미래의 신자들이 살아가는 곳에서는 미래로 투사된 환영을 벗어난 개인의 꿈이 자리하기 어렵다. 왜냐하면 근대 권력의 배치는 자신이 만들어 낸 환영만이 유일한 미래의 모습이고, 그것을 향해 버둥거리는 현재만이 유의미하다고 우겨대기 때문이다. 만일 누군가 그러한 환영에서 벗어나 자신만의 꿈을 가꾸어 가고자 한다면, 그는 미래에 고정된 현재의 관심과 시선을 단호하게 끊어 낼 수 있어야 한다. 분명 쉽지 않은 일이다. 그것이 얼마나 큰 용기를 필요로 하는 일인지는 미래에 붙들린 시선을 살짝 돌려보는 실험만으로도 충분히 확인할 수 있다. 그러한 사소한 움직임만으로도 그는 비참함과 불행을 마주할 것이라는 크고 작은 위협에 시달리게 된다. 더욱이 그것은 가장 가까운 이들, 그를 사랑하고 아끼는 이들의 목소리와 시선의 형식으로 다가온다.

이러한 어려움에도 불구하고 다른 삶을 살기 원한다면, 우리는 사회가 끊임없이 환기하고 강제하는 미래의 신자로서의 삶을 벗어나야 한다. 뿌리침! 이것이야말로 그 출발의 움직임일 수 있을 것이다. 뿌리치기 위해서, 그리고 뿌리침을 지속시키기 위해서는 자명해 보이는 것들을 의심하며, 끊임없이 스스로에게 질문을 던져야 한다. 세계와 관계하는 현재의 방식이 유일한 것인지, 만일 아니라면 무엇이 세계를 마주한 지금 우리의 감각과 감수성을 만들어 내었는지, 언제부터 그것들이 작동하여 우리의 욕망과 삶의 풍경을 만들어 내었는지 같은 반성적 질문들을 말이다.

이러한 질문들은 우리의 시선을 자연스럽게 기원의 지점으로 안내한다. 과거는 화석화되거나 죽은 존재가 아니다. 벤야민도 지적했지만 과거야말로 환상과 최면에 취한 현재의 시선을 깨우는 다이너마이트일 수 있다. 다이너마이트로서의 과거를 찾아 떠나는 여행, 그리고 그것을 현재로 불러와 기폭장치에 불을 붙이는 움직임이야말로 현재를 주체적으로 살아가고자 희망하는 이들이 바로 지금 해야만 하는 일일 것이다.

20여 년 전, 어느 날이었다. 나는 도서관의 빛바랜 신문 속에서 광고 하나를 만났다. 그것은 1925년에 제작된 밀크캐러멜 광고였다. 우산을 들고서 캐러멜을 먹고 있는 인물 위로 "볕이 난다 한 갑, 비가 온다 두 갑, 먹으면 살찌는 밀크캐러멜"이라는 글귀가 선명하게 쓰여진 광고! 광고는 대범하게도 '이 캐러멜은 먹으면 살이 찝니다. 그러니 구매하십시오'라고 말하고 있었다. 매일같이 살빼기 전쟁을 벌이고 있는 현재의 시선으로 보면 참으로 당혹스러운 내용이 아닐 수 없다. 광고의 이미지는 한동안 하나의 의문부호로 남아 주위를 맴돌았다. 필자로 하여금 일제강점기를 전후한 근대를 주목하게 한 것도, 이 책의 모체가 된 박사학위 논문을 관련 주제로 쓰게 한 것도 어쩌면 그 이미지였는지 모른다.

흔히 일제강점기라고 하면 일제의 수탈, 일본 순사의 강압, 독립투사와 그들의 항쟁이라는 이미지를 떠올리기 쉽다. 그게 아니라면 모던 보이나 모던 걸을 이야기하며 지나치게 낭만적으로 그 시대를 바라본다. 하지만 일제강점기를 중심으로 한 20세기 초는 오늘을 사는 우리의 감각과 감수성, 삶의 방식과 모습들이 처음으로 이 땅에 출현했던 시기라는 점에서 새롭게 주목해 볼 만하다. 이러한 맥락에 주목할 때 비로소 일제의 강압만큼이나 자본주의의 유입과 그것이 작동하는 모습이, 근대를 가능하게 한 사물과 제도들의 작용이, 근대적 합리성 이면의 허영과 종교적 신화들이 우리 눈에 들어오게 되는 것이다. 더 나아가 오늘날 우리가 당연한 것으로 받아들이고 있는 감각과 감수성을 넘어설 수 있는 가능성이 드러나게 되는 것이다. 이 책이 오늘의 우리를 디자인한 장치의 맥락에서 시계, 투시법, 미인대회, 우량아선발대회, 문화주택, 백화점, 기차 등을 주목하는 것은 바로 그 때문이다.

책은 주제별로 일곱 개의 장으로 구성되었다. 1장에서는 시계의 눈치를 보며 살아가는 현대의 감수성, 다시 말해 근대적 시간 제국이 어떻게 탄생하였는지를 이야기하고 있다. 2장은 전통적 주체가 근대적 시각체제라고 할 수 있는 투시법적 지각방식을 어떻게 내면 화하였는지, 그러한 지각방식이 어떻게 세계를 바라보게 만들었고 변화시켰는지에 대해 다루고 있다. 3장은 몸에 대한 지각방식의 변화를 토대로, 아름다운 몸에 대한 오늘날의 기준이 형성된 경로를 탐색하고 있다. 4장은 어린이의 발견이 삶의 공간에 어떠한 변화를 가져왔는지를 이야기하고 있다. 5장의 주제는 문화주택이다. 여기서는 현대인이 꿈꾸는 스위트 홈의 이미지와 그곳에서의 구체적인 삶의 내용이 어떻게 탄생하였는지를 다루었다. 6장은 백화점을 통해 자본주의의 논리에 길들여져 갔던 당시 사람들의 모습을 담아내고 있다. 7장은 근대의 비정함을 다루고 있다. 근대가 어떻게 일상 삶의 주체들을 길들였는지, 더 나아가 근대가 함의하고 있는 바가 무엇이었는지를 기차를 매개로 이야기하고 있는 것이다.

이 책은 여러 자료들에 기대고 있다. 자료를 찾으면서 익숙하지 않은 표현들을 자주 만났다. 낯선 한자어나 일본어들은 물론이고, 지금은 사용하지 않는 표현들이 서로 얽혀 있는 모습은 그 자체만으로도 혼돈스런 당시의 상황을 느끼게 했다. 하지만 책에서는 그것들을 있는 그대로 담아내기보다 내용이 바뀌지 않는 범위 내에서 현재의 표현으로 바꾸었다. 지금은 사용하지 않는 어색한 표현들과 용어들이 독자들의 접근을 어렵게 할 수도 있다는 생각을 했기 때문이다.

몇 권의 책을 내면서 분명해지는 생각이 있다. 하나의 책은 시공간을 달리하는 여러 사건과 사유들이 저자라는 영매를 통해 드러나는 현재적 사건이라는 것이다. 때문에 하나의 책은 저자의 것이라기보다, 저자라는 매개를 통해 목소리를 갖게 된 그들과 그것들의 것이다. 이 책 역시 물론 예외가 아니다. 그 소리들과 호흡했던 시간들, 그 즐거웠던 순간들을 추억하며 여전히 맴도는 아쉬움을 달래 본다. 기다림과 보챔을 적절히 구사하며 모자란 부분들에 대해 조언해 주었던 조용범 편집장님, 책을 매력적으로 디자인해 준 박선주 디자이너, 그리고 인연의 끈이 느껴지는 홍성택 사장님께 감사의 뜻을 전하면서……

2013년 10월 1일   오창섭

1

시계

◆

제국의 시간을 넘어 시간의 제국으로

시간 여행자의 물음 닭이 운다. 이제 일어나야 할 시간이다. 실눈을 떠 본다. 밖은 여전히 어둡다. 하지만 어둠은 물러갈 것이고, 하얀 아침이 곧 찾아올 것이다. 빗소리가 들린다. 지난밤에 본 달무리가 기어이 비를 몰고 온 모양이다. 시간 여행자는 다시 눈을 감는다. 어둠 사이로 희미한 생각들이 연이어 스쳐 간다. 무얼 하며 보낼까? 오랜 벗이라도 찾아와 준다면 좋으련만……. 여전히 어둠은 빗소리에 취해 떠날 줄을 모른다. 시간 여행자의 생각도 그 소리에 취해 흐른다.

여행자는 '농촌의 시간'이 지배하는 18세기 조선에 살고 있다. 농촌의 시간이란 자연의 리듬에 맞춰 호흡하고, 자연의 요구에 따라 움직이는 시간을 말한다.[1] 농촌의 시간이 지배하는 세계에서 자연은 자연이면서 동시에 시계이기도 하다. 그 세계에 사는 이들은 닭 울음소리에 잠을 깬다. 날씨가 좋으면 일터로 나가고, 비가 오면 집에서 쉰다. 석양에 지는 해와 더불어 일을 마무리하고, 어둠이 찾아오면 이불을 편다. 배고프면 밥을 먹고, 졸리면 잠을 잔다.

그런데 언제부턴가 이러한 세계는 사라지고 새로운 세계가 열렸다. 시간 여행자는 안다. 그 시기가 근대라는 것, 더 구체적으로는 '근대의 시간'이 인간들을 포획하기 시작한 시점과 겹쳐진다는 사실을 말이다. 시간 여행자는 아직도 잊을 수 없다. 무심한 기계의 리듬에 맞춰 살았던 근대도시 모던부르크modernburg에서의 암흑 같은 세월을 말이다. 그곳에서 그는 「모던 타임즈」의 찰리 채플린과 다르지 않은 신세였다. 영혼 없는 기계의 호흡에 따라 자신의 삶이 춤추고 있다는 사실을 자각한 그날, 그는 이주를 결심했다. 근대의 시간이 지배하지 않는 곳, 아니 그 존재 자체를 모르는 곳으로 말이다. 18세기 조선이 바로 그러한 곳이었다.

여행자의 기억 속에 근대의 시간은 비정한 것으로 남아 있다. 그것은 자신을 분절하고, 촘촘하게 격자를 만든 후, 그 격자에 사람들의 몸짓을 대응시켰다. 이러한 움직임의 이면에는 진보를 맹신하며 존재하는 모든 것들을 수단으로 이해하는 권력이 자리하고 있었다. 이 권력이 쉬지 않고 작동하면서 전통에 물든 이들의 몸짓과 생각의 흐름을, 더 나아가 관계방식과 삶의 모습들을 변화시켰다. 그리고는 기어이 모던부르크라는 거대한 시간의 제국을 만들어 내었다.

그곳에서 근대의 시간은 자연의 변화나 생리적 요구에 따라 몸이 움직이는 것을 허락하지 않았다. 사람들은 무표정한 시계 소리에 잠을 깨야만 했다. 석양의 지는 해와 더불어 일을 마무리하는 것이 아니라, 정해진 시간이 되어야 일을 끝낼 수 있었고, 비가 온다고 쉬는 것이 아니라, 정해진 날에만 쉴 수 있었다. 배가 고프다고 밥을 먹는 것은 근대의 시간이 바라는 바가 아니었다. 졸리다고 자는 것 역시 용납되지 않았다. 밥은 식사시간이 되어야 먹을 수 있었고, 잠 역시 자야 할 시간이 되어야 청할 수 있었다.

문득 몇 가지 물음이 시간 여행자를 부여잡는다. 근대적 시간은 어떻게 농촌의 시간에 따라 생활하던 사람들의 몸과 정신 속으로 스며들 수 있었을까? 무엇이 전통적 시간의 호흡에 맞춰 생활하던 이들의 삶과 몸짓을 바꾸었을까? 언제부터 근대적 시간은 더 이상 지각되지 않을 정도로 자연스러운 것이 되었을까?

시간 여행자는 궁금해서 잠을 이룰 수가 없다. 오늘 그는 이미 과거가 되어 버린 미래로 향할 것이다. 근대의 시간이 일상으로 스며들기 시작한 지점, 전통과 근대가 만나 화학반응을 일으키던 20세기 문턱의 조선으로 말이다.

기차를 타고 온 근대적 시간 19세기 말까지만 하더라도 조선은 농촌의 시간이 지배하던 곳이었다. 조선을 방문한 소수의 외국인, 특히 근대적 시간을 내면화한 서구인들은 농촌의 시간에 따라 생활하던 당시 조선인들을 불편한 시선으로 바라보았다. 1890년에 25세의 나이로 조선을 여행했던 새비지 랜도어A. H. Savage Landor가 대표적이다. 그는 자신의 여행 경험을 담은 책에 "조선 사람들은 매우 불규칙하게 생활 한다."[2]라고 기록하였다. 얼핏 보아도 부정적인 뉘앙스를 풍기는 기록임에 틀림없다. 그렇다면 무엇이 그로 하여금 조선사람들을 그렇게 보도록 한 것일까?

이 물음에 답하기 위해서는 그가 어디에서 왔는지를 알아야 한다. 새비지 랜도어는 영국인이다. 서구문화의 중심지였던 피렌체에서 태어나, 근대도시의 위용을 일찌감치 갖춘 파리에서 공부를 하고, 세계의 공업화를 이끌며 '해 지지 않는 나라'라고 불렸던 영국의 런던에서 살았던 근대인이었던 것이다. 이러한 사실을 주목할 때, 당시 그의 몸은 조선에 있었을지 모르지만 그의 눈은 유럽의 근대도시에 있었다는 사실을 알게 된다. 바로 그곳에서 조선을 바라보았기 때문에 조선사람들의 생활이 불규칙한 것으로 보였고, 심지어 게으르다고 판단할 수 있었던 것이다. 하지만 그는 몰랐다. 당시 조선은 규칙적인 생활이 필요 없던 공간이라는 사실을 말이다.

기차는 이러한 조선을 바꾼 변화의 출발점이었다. 1899년 9월, 최초의 기차가 경인선 선로 위를 달렸다. 거대한 쇳덩어리가 요란한 경적을 울리며 움직이던 순간, 그것을 지켜보던 사람들은 이제 새로운 시대가 도래했다는 것을 직감했다. 미래는 그렇게 느닷없이 이 땅에 찾아왔다. 느닷없이 찾아온 기차의 등장으로 현실이 되어 버린 미래는 근대적 시간에 따라 호흡하는 새로운 세계의 문을 열었다.

기차는 시간표에 따라 움직인다. 최초의 기차도 마찬가지였다. 1905년경, 경인선 기차 시간표에는 "서울발 오전 06:35, 08:50, 인천

개정된 시간표
붙이는 경성역
동아일보,
1933년 4월 1일

시간표는 근대적
시간 기계의 부품이면서
시간표가 자리하는
공간이 근대적 시간의
지배하에 있음을
나타내는 표식이다.

착 오전 8:22, 11:03"[3]이라고 표시되어 있었다. 분 단위로 표현된 기차 시간표! 얼핏 이것은 기차의 출·도착 시간이 언제인지를 알려 주기 위해 존재하는 것처럼 보인다. 하지만 시간표는 단순히 기차가 언제 출발하고 도착하는지를 알려 주기 위해 거기에 있었던 것이 아니다. 오히려 그것은 기차를 이용하려는 사람들은 누구나 분 단위로 구획된 근대적 시간에 따라 움직여야 한다는 것을, 만일 그렇지 않으면 새로운 세계의 신민으로 살아가기 어렵다는 것을 고지하기 위해 거기에 있었다. 이런 맥락에서 기차역에 자리한 시간표는 시간을 표시하는 게시물이었다기보다는 근대의 등장을 알리는 포고문이었다고 해야 할 것이다.

농촌의 시간이 지배하는 세계에 살던 몸, 그 세계의 전통적 질서에 길들여진 몸, 그래서 그것이 전부인줄로 알고 있는 몸은 근대적 시간과 만나면서 슬픈 풍경들을 만들어 내었다.

기차가 처음 도입될 무렵이었다. 인천에 들어온 한 외국 함대가 대한제국 정부 관리들을 초대한 적이 있었다. 당시 관리들은 경인선 철도를 이용했다. 문제는 그들이 기차 출발 시간보다 1~2시간 전에 역에 도착하면서 시작되었다. 역에 일찍 도착한 관리들은 어린아이들처럼 '어서 출발하라'고 떼를 썼다.[4] 관리들은 자신들을 싣고 갈 육중한 기계가 근대의 시간이 지배하는 세계에서 온 터미네이터였다는 사실을 몰랐다. 더 나아가 그 기계가 터미네이터들이 득실거리는 미래를 만들기 위해 이 세계에 왔다는 사실을, 그리고 그 육중한 몸의 등장만으로도 세계가 이미 되돌릴 수 없는 변화의 길로 들어섰다는 사실을 깨닫지 못했다.

물론 그것이 아닐 수도 있다. 어쩌면 관리들은 인정하고 싶지 않았을 뿐이지 그러한 사실을 누구보다 잘 알고 있었는지 모른다. 어떤 사실을 안다는 것과 그것을 인정한다는 것은 언제나 별개의 움직임이 아니었던가? 만일 그랬다면, 그들이 내뱉은 '어서 출발하라'는 말은 그들 안에 간신히 자리하고 있던 농촌의 시간, 이제 버려질 것을 직감한 그 시간이 공포스럽게 다가오는 근대의 시간에게 던진 슬픈 외침이었다고 해야 할 것이다.

기차의 수는 늘어 갔다. 1905년에는 경부선이 개통되었고, 1914년에는 호남선과 경원선이 개통되었다. 기차라는 터미네이터는 생각보다 강했다. 여기저기서 패전 소식이 들려왔다. 기차역은 물론이고, 기차가 훑고 지나간 길 주변은 모두 근대적 시간에 함락되었다.

물론 저항이 없었던 것은 아니다. 하지만 근대적 시간에 눈을 마주치지 않는 이들, 근대적 시간의 리듬에 맞춰 몸을 움직이지 못한 이들은 여지없이 난처한 상황과 마주해야만 했다. 그것은 아직 한참 남은 발차시간까지 기다려야 하는 상황일 수도 있었고, 출발해 버린

기차의 무심함에 야속해하고 허탈해하는 상황일 수도 있었다. 이 난
처한 상황들은 기차가 저항하는 이들에게 내린 처벌이었다. 그 처벌
을 반복적으로 마주하면서 저항군들은 근대적 시간의 눈치를 살피
는 존재, 더 나아가 근대적 시간의 충성스런 신민으로 변해 갔다.

청일전쟁과 러일전쟁으로 얼룩지던 20세기 문턱에서 조선은 일제
의 식민지가 되기 위한 슬픔의 계곡만을 건너고 있었던 것이 아니다.
그와 더불어 또 하나의 식민지, 즉 근대적 시간이 지배하는 시간 제
국의 식민지가 되는 운명 역시 피하지 못하고 있었던 것이다. 일제도
자신들의 식민지 침탈을 그러한 방식으로 미화했지만, 근대적 시간
도 자신의 식민지로 향해 가는 조선의 변화를 '문명화'라는 그럴듯
한 이름으로 포장했다.

기차야말로 그러한 문명화의 선봉장이었다. 1905년 5월 25일, 경부
선 개통식에서 미국인 의사 알렌N. H. Allen은 다음과 같은 이야기를 했다.

"철도는 규율 바른 시간에 의하여 운행하는 것이므로, 스스로 민중에
게 시간을 엄수할 것을 가르치는 까닭에 (……) 조선 사람에 대한 문명
적 지도자라 하지 않을 수 없을 것입니다."[5]

기차는 근대의 시간에 따라 생활해야 한다고 가르쳤던 교사였다. 알

렌은 바로 그 사실을 말하고 있는 것이다. 기차라는 교사의 교육방식은 단순했다. 정해진 시간에 정해진 경로를 움직이는 것, 그것뿐이었다. 기차의 교육방식은 기형도의 시 「소리의 뼈」에 등장하는 김교수의 교육방식을 연상시킨다.[6] 내용의 설명이 아닌 침묵이라는 행위로 소리에도 뼈가 있다는 사실을 가르쳤던 김교수처럼, 기차 역시도 과묵한 행위, 계속적으로 반복되는 단순한 행위만으로 전통에 자리하던 주체들에게 근대적 시간의 뼈를 느끼게 했다. 알렌의 지적은 옳았다. 기차는 교사였고 지도자였다. 그 과묵한 움직임, 하지만 멈추지 않는 움직임을 접하면서 전통적인 몸과 정신은 농촌의 시간에서 근대적 시간으로 그 주인을 바꾸기 시작했기 때문이다.

시간 기계 근대적 시간의 확산에 기차가 중요한 역할을 한 것은 사실이다. 하지만, 그 변화가 단순히 기차에 의해서만 이루어졌다고 말해서는 안 된다. 농촌의 시간이 근대적 시간에게 자리를 내준 것은 근대적 시간 기계라고 부를 수 있는 보다 큰 장치의 작용 때문이었다.

흔히 기계라고 하면 살아있는 유기체와 대립되는 쇳덩어리 같은 것을 연상하기 쉽다. 즉, 공장이라 불리는 삭막한 공간에서 노동자들의 규칙적인 손놀림을 향유하며 플라스틱 냄새가 남아있는 제품들을 쉬지 않고 토해 내는 육중한 크기의 존재 같은 것 말이다. 물론 일상적 이해 속에서 기계는 그러한 모습으로 존재한다.

하지만 기계라는 개념의 사용은 확장될 수 있다. 그 확장된 공간에서 기계는 "다른 것과 접속하여 어떤 흐름을 절단하고 채취하는 방식으로 작동하는 모든 것"[7]을 의미한다. 여기서 접속한다는 의미는 만난다는 것이고, 함께 한다는 것이며, 관계한다는 것이다. 들뢰즈Gilles Deleuze와 가타리Félix Guattari는 그것을 '배치'라고 불렀다.[8] 그렇다면 기계는 여러 요소들, 다시 말해 다양한 부품들이 함께 만나서 서로 관계하는 배치물이라 할 수 있다.

배치로서 기계가 단순히 쇳덩어리가 아니듯, 그것을 구성하는 부품 역시 부품이라는 말에 우리가 흔히 떠올리는 그런 것들만을 의미하지는 않는다. 볼트와 너트 같은 것만이 부품은 아니라는 말이다. 부품은 어떤 기계의 부분이 될 수 있는 모든 존재들의 이름이다. TV와 냉장고도 부품일 수 있고, 카페와 편의점도 부품일 수 있다. 집에서 이리저리 기웃거리는 강아지도 부품일 수 있고, 길가에 심어진 가로수도 부품일 수 있다. 언어도 부품일 수 있고, 생각이나 이미지도 부품일 수 있다. 심지어 인간마저도 부품이 될 수 있다. 하나의 부품은 더 큰 기계의 부품이면서 동시에 하나의 기계로 존재한다. 그래서 들뢰즈와 가타리는 "모든 기계가 기계의 기계"[9]라고 말했던 것이다.

그렇다면 기계는 무엇을 위해 존재하는 것일까? 기계는 어떤 흐름을 절단하고, 새로운 흐름을 생산한다.[10] 물질적인 것의 흐름뿐만이 아니다. 생각의 흐름, 감정의 흐름, 욕망의 흐름, 권력의 흐름들이 기계의 작동에 의해 절단되고 새롭게 생겨날 수 있다.

이 책 역시 하나의 기계의 맥락에서 다루어질 수 있다. 책은 독자와 만나 책 기계라는 배치물이 된다. 책 기계는 독자의 기존 사고의 흐름, 감정의 흐름, 욕망의 흐름을 절단하고, 새로운 사고의 흐름, 감정의 흐름, 욕망의 흐름을 생산해낸다. 이러한 기능을 책 그 자체가 독립적으로 수행하는 것이라고 생각해서는 안 된다. 만일 이 책이 지금의 서체와 판형으로 존재하지 않았다면, 이 책을 읽고 있는 독자가 당신이 아니었다면, 독자로서의 당신이 지금과 다른 경험의 소유자라면, 더 나아가 책을 읽고 있는 장소가 지금 당신이 자리하는 그곳이 아니라면 아마도 지금과는 다른 사고, 다른 느낌, 다른 욕망이 생성되었을 것이다. 무엇과 만나는지, 무엇과 함께 있는지, 무엇과 관계하는지에 따라 동일한 책이라 하더라도 다른 지식, 다른 감정, 다른 욕망을 생산해낸다.

심지어 책은 만나는 대상이 누구인지, 혹은 무엇인지에 따라 아주 다른 것이 되기도 한다. 라면 냄비 아래서 뜨거운 열기에 몸을 지지며 식탁과 만나고 있는 책은 책이라기보다는 받침대에 가깝고, 부르주아 가정에서 읽히지 않고 벽을 장식하고 있는 책은 벽지에 가깝다.

분노한 교사의 손에 들린 책은 체벌기구에 가깝고, 선거를 앞두고 뿌려지는 정치인의 책은 광고 전단지에 가깝다. 사고, 느낌, 욕망, 권력의 흐름을 바꾸고 통제하는 기계는 바로 이렇게 만들어지는 것이다.

시간 기계도 마찬가지다. 그것 역시 고유한 배치물이고, 관계의 체계이며, 여러 부품들의 네트워크인 것이다. 그렇다면 이 기계는 어떤 부품들로 구성되어 있을까? 우선 시간표를 주목해야 한다. 시간표는 실제 경험에 앞서 존재하면서, 가능한 구체적 행위들이 무엇인지, 그것들이 어느 시간에 행해져야 하는지, 얼마만큼의 기간 동안 행해져야 하는지를 규정한다. 그것은 일종의 법전이다. 근대적 시간이 주인으로 자리하는 공간에는 어김없이 시간표라는 법전이 존재한다. 기차역이 그렇고, 버스 정거장이 그러하며, 학교와 공장이 그러하다. 시간표야말로 근대적 시간이 지배하는 영토인지 아닌지를 구별할 수 있는 표식이 되는 것이다.

하지만 근대적 시간이 지배하는 세계는 법만으로 만들어지는 것이 아니다. 그 세계가 구성되기 위해서는 법으로서의 시간표에 따라 작동하는 매개물들이 있어야 한다. 근대식 학교나 공장이 바로 그러한 매개물이다. 매개물은 시간표에 따라 작동하기 때문에 그곳에 자리하거나 그것을 사용하기 위해서는 시간표의 호흡에 따라야 한다. 기차 역시 그러한 매개물들 중 하나였다. 근대의 유입이 확대되면서

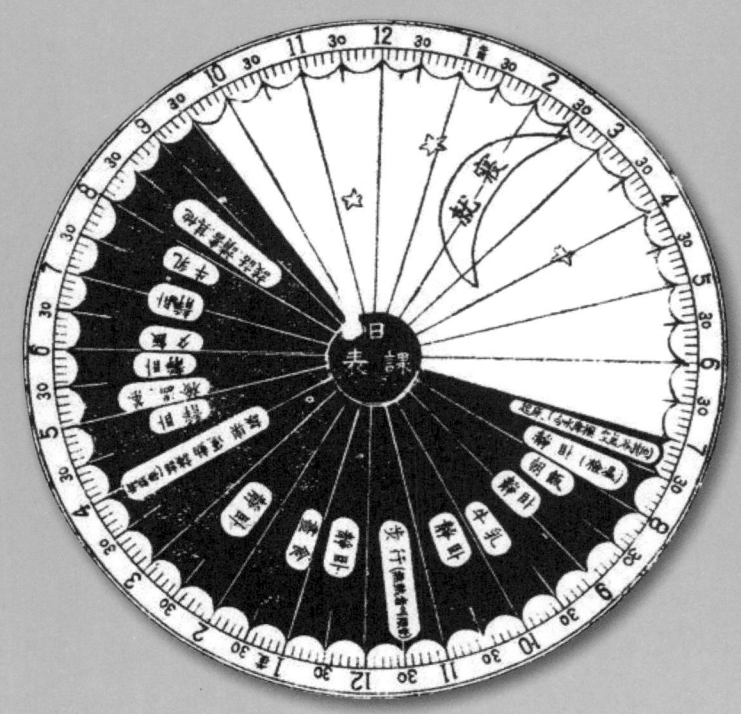

요양원 환자들의
하루 일과를 보여주는
이 시간표는
30분 단위로
해야 할 활동들을
제시하고 있다.

매개물 역시 버스, 공장, 학교, 라디오, TV 등으로 확장되어 갔다. 그 결과 시간표의 리듬에 따라 호흡하는 사물, 공간, 제도들은 오늘날 빈틈을 허락하지 않을 만큼 삶의 곳곳을 채우고 있다.

처벌과 보상 또한 근대적 시간 기계를 형성하는 데 빠질 수 없는 부품이다. 기준으로서의 시간표가 지시하는 시간에 정해진 행동을 하지 않았을 때는 처벌이 가해진다. 공부를 하도록 지정된 수업시간에 뛰어다니는 학생을 훈계하는 교사의 몸짓이 바로 그런 것이다. 그 시간에는 뛰어다니는 학생만 처벌 대상이 되는 것은 아니다. 잠을 자는 학생도, 도시락을 꺼내 먹는 학생도, 잡담을 하는 학생도 처벌에서 자유로울 수 없다. 오로지 공부하는 학생만이 합당한 존재로 인정받아 칭찬이라는 보상, 혹은 처벌의 대상에서 제외되는 보상을 받게 된다. 왜냐하면 법으로서의 시간표가 그 시간에는 그 행위만 하라고 규정했기 때문이다.

여기서 교사는 학교라는 매개물이 근대적 시간 기계의 부품으로서 원활히 작동할 수 있도록 감시하고 관리하는 역할을 한다. 그는 사제이자 수호자이며, 학교의 부품이자 근대적 시간 기계의 부품이다. 학교에만 수호자가 존재하는 것은 아니다. 근대적 시간 기계의 매개물들은 모두 수호자라는 부품을 가지고 있다. 기차역의 역무원들, 버스기사, 공장의 관리자들, TV나 라디오 방송국 운영자들이 모두 수호자들이다. 그들은 한 손에는 처벌이라는 채찍을, 다른 손에는 보상이라는 당근을 들고 재료들을 기다린다.

그렇다면 무엇이 재료일까? 근대적 시간과 그 질서를 내면화하지 못한 이들 모두가 재료에 해당된다. 공부시간에 딴 짓을 하는 학생들, 기차나 버스 시간을 지키지 못하는 이들, 공장의 시간표에 적응하지 못하는 노동자들이 재료의 구체적인 이름이다. 재료들의 존재야말로 서로 다른 기계들이 부품이라는 자격으로 만나 근대적 시간 기계라는 거대 기계를 형성하는 궁극적 이유다. 재료들이 근대적 시간 기계의 신민으로 변화되지 않는 한 근대적 시간 기계가 지배하는 제국은 만들어지지 않기 때문이다. 따라서 근대적 시간 기계는 이들을 자신의 신민으로 만들기 위해 끊임없이 작동한다. 플라스틱 재료를 일정한 형태의 제품으로 만들어 내는 사출기와도 같이, 근대적 시간 기계는 재료로서의 전통적 주체들을 근대적 시간을 내면화한 주체로 생산해내는 것이다.

시간 기계는 시간표와 시간표에 따라 작동하는 매개물, 처벌과 보상, 사제이자 수호자, 재료 등으로 구성된다. 하지만 만일 시계가 없다면 시간 기계는 존재할 수도, 작동할 수도 없다. 시계야말로 근대적 시간 기계에서 빠질 수 없는 핵심 부품인 것이다. 시계는 사람들로 하여금 시간표에 따라 작동하는 사물, 공간, 제도들과 직접적

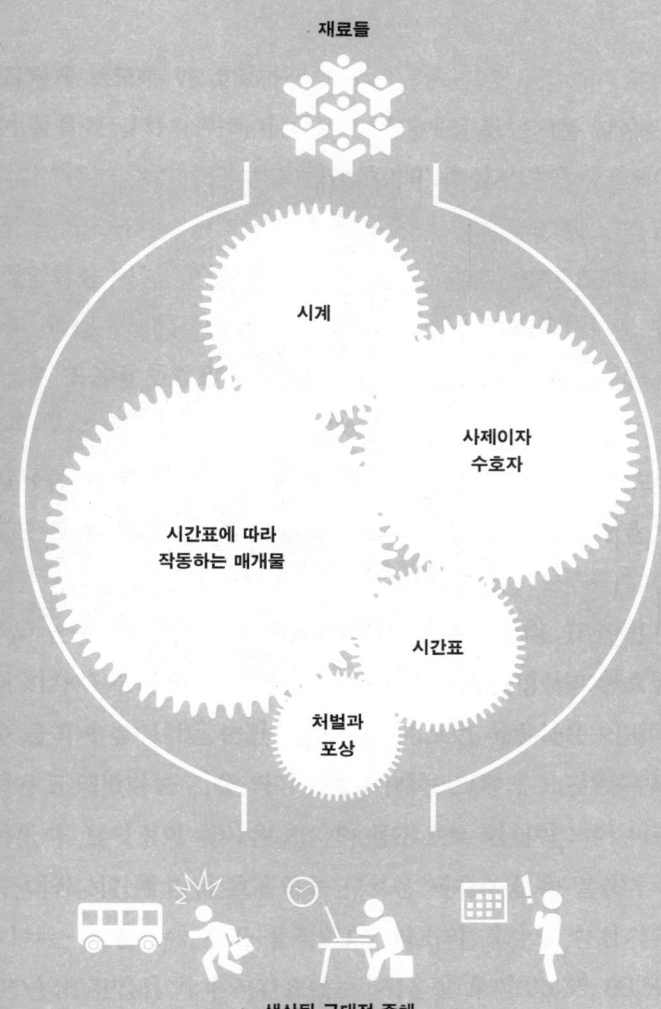

재료들

시계

사제이자
수호자

시간표에 따라
작동하는 매개물

시간표

처벌과
포상

생산된 근대적 주체

이면서도 지속적으로 관계하도록 만든다. 그것은 시간 제국의 대기권을 형성하는 공기와도 같은 존재다. 때문에 시계가 없는 근대적 시간을 상상하는 것은 불가능한 일인 것이다.

오만, 그리고 편견 시간은 형상이 없다. 소리도 없고, 맛도 없으며, 향기도 없다. 때문에 인간은 시간 그 자체를 지각할 수 없다. 하지만 어딘가에서 시간의 요정은 마법의 가루를 뿌리며 만물을 변화시키고, 그 가루를 뒤집어쓴 온갖 존재들은 형상과 맛, 소리와 향기로 자신의 변화를 표현한다. 떠오르는 태양은 그림자의 키를 줄이고, 지는 해는 그것을 다시 되돌려 놓는다. 작은 새싹이 커다란 잎으로 변할 때 그 표정도 연두색에서 초록빛으로 바뀐다. 자신의 푸름을 뽐내던 초록의 잎들은 황갈색 검버섯들을 얼굴에 새기며 힘을 잃어 간다. 이러한 변화들을 통해 자연은 시간의 존재를 작은 목소리로 증언하였다. 근대 이전의 시대를 살았던 이들은 그 증언을 믿었다. 그들의 믿음은 무조건적이었다. 아마도 이러한 무조건적인 믿음이 그들을 자연과 함께 호흡하며 살아갈 수 있도록 했을 것이다.

하지만 언제부턴가 의심하는 존재가 출현하였다. 의심 많은 존재의 눈은 불신으로 충혈되었고, 충혈된 바로 그 눈으로 세계를 바라보았다. 그 시선이 닿는 순간에도 자연은 자신의 방식대로 묵묵히 시간을 표현하고 있었다. 의심 많은 존재의 눈에 그것이 진실한 몸짓으로 보였을 리 없다. 그 존재의 충혈된 눈이 지각한 것은 자연이 표현하는 시간의 불완전함과 애매함이었다. 그는 자신이 뭔가를 해야겠다고 생각했다. 그 존재, 그 존재의 의심이 만들어 낸 장치가 바로 시계였다.

시계는 빠르게 친구들을 사귈 만큼 사교성이 좋았다. 그는 코드가 맞는 친구들을 끌어모아 근대적 시간 기계를 만들었다. 그리고는 머지않아 그의 친구들과 함께 제국의 지배자가 되었다.

시계는 시간의 요정이 뿌려대는 마법의 가루를 피해 달아난 최초의 존재였다. 시계의 이러한 움직임이 어떤 역설을 그의 몸에 새겨놓았다. 시간의 존재를 통해 자신의 존재가치를 확인받으면서도, 시간과 가장 멀리 떨어져 서성거리는 존재라는 역설 말이다. 이러한 역설은 그를 신중하게 만들기보다는 오만함으로 이끌었다. 자신을 경유하지 않고는 결코 시간을 직접 마주하지 못할 것이라는 생각은 그 오만함의 극한을 보여주는 것이다.

시계의 기대와는 달리 시간의 요정은 인간들 주위를 떠나지 않았다. 물론 인간들의 무딘 감각은 그것을 쉽게 지각하지 못했다. 하지만 경험의 차원에서 피어오르는 느낌으로 사람들은 그 요정이 자신들 곁에 있음을 알 수 있었다.

경험적인 차원에서 시간은 빨리 가기도 하고 느리게 가기도 한다. 자신을 깨우는 누군가로부터 지켜 낸 새벽 이부자리 속에서의 10분과 시계를 보며 초조하게 무엇인가를 기다리는 10분은 다른 시간처럼 느껴진다. 재미있는 일을 하고 있을 때의 한 시간과 지루한 일을 하고 있을 때의 한 시간도 다른 흐름을 가진 것으로 경험된다. 시계는 그것들이 같은 시간이라고 주장한다. 더 나아가 그것들을 다른 시간처럼 느끼는 것은 인간의 불완전함 때문이고, 그래서 자신이 존재하는 것이라고 주장한다. 하지만 시계의 주장에도 불구하고, 그것들이 서로 다른 시간으로 경험되는 것은 부정할 수 없는 사실이다.[11]

시계는 다른 시간을 이야기한다. 시계가 이야기하는 시간은 아침의 한 시간과 저녁의 한 시간을 구분하지 않는다. 기다릴 때의 10분과 즐거운 놀이를 하고 있을 때의 10분의 차이도 구분하지 못한다. 시계의 시간은 빨리 가거나 느리게 가지도 않고, 즐겁거나 지루해하지도 않는다. 단지 일정한 속도로 움직일 뿐이다.

시계의 시간은 균질하다. 질적 차이가 없는 균질한 시계의 시간 속에서 시간은 변화하는 리듬을 갖는 흐름이기보다는 계산 가능한 양적인 것이 되어 버린다. 흔히 사람들은 시계를 통해 시간의 양을 측정할 수 있고, 계산할 수도 있다고 믿는다. 그런데 엄밀히 말해 측정 가능하고 계산할 수 있는 시간은 오히려 시계로부터 비롯되었다

프라하의
천문 시계

이 시계는 1410년 시계공
미쿨라시(Mikuláš)와
얀 신델(Jan Šindel)이
제작한 것으로 알려져
있다. 이후 고장과 수리,
파괴와 보수가 이어지면서

현재의 모습을 갖게 되었다.
정각을 알리는 종소리와
함께 시계 상단의 창문이
열리면 예수의 열두 제자를
표현한 조각상들이 하나씩
나타났다 사라진다.

고 할 수 있다. 시계는 시간을 공간에 배치하여 양적인 것으로 그 속
성을 변화시켜버리는 마법의 장치다. 이러한 맥락에서 보면 객관적
인 시간을 알려 주기 때문에 시계를 사용하는 것이 아니라, 시계를
사용하기 때문에 시간은 객관적인 것처럼 보인다고 해야 할 것이다.

시계를 사용한다는 것은 단순히 그것을 통해 시간을 확인하는 움
직임이 아니다. 그것은 공간화된 시간, 어떠한 차이도 없는 균질한
시간, 더하거나 뺄 수 있는 계산 가능한 시간, 항상 동일한 속도로
흐르는 시간을 시간의 모습으로 받아들이는 것이고, 그러한 시간에
기대서 생활하는 시간 제국의 신민임을 표명하는 행위인 것이다.

근대를 가르치는 스승 배재학당이나 이화학당과 같은 근대학교는
19세기 말에 출현하였다. 기차 역시 세기의 문턱에서 고요한 나라의
아침 정적을 가르며 등장했다. 공장들이 생겨나기 시작한 것도 이
시기였다. 근대학교, 기차, 공장 등은 시계를 필요로 하는 장치들이
었고, 따라서 당시 어떤 형태로든 거기에 시계가 존재했다는 사실은
부인하기 어렵다. 1901년에 준공된 한성전기회사에서처럼 시계탑의
형식으로 존재하기도 했고, "마루에 걸린 시계"[12]라는 표현에서 알
수 있듯이 벽시계의 형식으로 실내에 자리하기도 했다. 자명종 시계
도 있었고, 회중시계도 있었다. 20세기 문이 열릴 즈음, 시계의 시대

도 함께 열린 것이다.

　유입되는 시계들의 종류만큼이나 그것을 바라보는 시선도 다양했다. 1905년 10월 15일자 『대한매일신보』에는 시계를 완호지물玩好之物, 즉 신기하고 보기 좋은 물건으로 생각하지 말고, 시간의 귀중함을 알려 주고 나를 각성케 하는 스승이자 친구로 대해야 한다는 내용의 기사가 등장한다.[13] 역설적이게도 이 기사는 신기한 장식품 정도로 시계를 이해하는 사람들이 당시에 적지 않았다는 사실을 보여 주고 있다. 독자의 인식과 태도의 변화를 호소하는 계몽성 기사는 그러한 이들이 존재해야 등장할 수 있는 것이기 때문이다.

　사물은 기능의 차원에서 도구의 모습으로만 존재하지 않는다. 특히 소비사회에서의 사물들은 더더욱 그렇다. 어떤 사물이든 처음에는 기능을 약속하며 출현할지 모르지만, 사용자와 관계하는 과정에, 혹은 사회에서 유통되는 과정에 고유한 의미의 차원을 형성한다. 때로는 의미의 차원이 먼저인 경우도 있다. 이 땅에 유입된 시계가 바로 그러한 사물이었다. 시계는 처음부터 가치 있고 귀중한 것을 의미하는 사물의 질서 속에 배치되었다. 시계가 반지와 함께 자리하고 있는 1937년 12월 7일자 『동아일보』의 동양시계회사 광고나 다이아몬드 형상을 배경으로 시계가 배치된 1926년 7월 26일자 『동아일보』의 광고는 초기에 시계가 어떠한 사물의 질서 속에 배치되었는지

**1901년 10월에 준공한
한성전기회사의 시계탑**

를 잘 보여주고 있다.

　20세기 초만 하더라도 시계, 특히 회중시계를 들고 다니면서 시간을 확인하는 것은 사회적으로 평범하지 않은 존재임을 암시하는 행위였다. 이전까지 유효했던 신분제도가 더 이상 신분을 확인해 주지 못하는 상황이 펼쳐지면서 사람들은 시계와 같이 특별한 의미망에 자리하는 사물들에 주목하기 시작했다. 그러한 사물들은 소유하고 있다는 사실만으로도 소유자를 사회 속의 특정한 지점에 위치시켜 주었기 때문이다. 따라서 지위가 높거나 경제적 능력이 있는 이들은 그러한 사물들의 소비를 통해 자신의 우월함을 드러내고자 했다.

　하나의 사물이 과시를 위해 소비된다는 것은 그러한 소비에 대한 부러움의 시선이 자리한다는 의미이기도 하다. 부러움의 시선을 불러들일 수 없는 대상은 과시적 소비의 대상이 될 수 없다. 여기서 부러움이란 결핍의 느낌이다. 이 결핍의 느낌이 욕망을 만들어 내고, 그 욕망이 모방 소비의 움직임으로 이어지는 것이다.

　모방 소비는 적어도 두 방향으로 진행된다. 과시적 소비를 그대로 따라하는 소비가 그 하나라면, 대리물을 통해 심리적 만족감을 얻으려는 소비가 다른 하나다. 현실의 장애, 특히 경제적인 장애로 인해 전자와 같은 소비가 불가능한 이들은 후자의 방식으로 결핍이 만들어 내는 허전한 느낌을 달랜다. 명품의 모조품을 소비함으로써 허전함을 달래려는 이들이 바로 여기에 해당된다.

20세기 문턱에서 회중시계를 소유할 수 없었던 사람들은 독창적인 방식으로 허전함을 달랬다. 그들은 회중시계가 달려있지 않은 시곗줄을 구입하여 옷 밖으로 드러내 놓고 다녔다. 마치 그 줄에 시계가 달려 있기라도 한 것처럼 말이다. 명품이 아니라, 명품을 담는 쇼핑백을 들고 다니는 오늘날의 소비 행태야말로 이러한 소비의 연장선상에 자리하는 것이라고 할 수 있을 것이다.

의미의 차원에서 시계가 소비되는 현상은 지금도 계속되고 있다. 바뀐 것이 있다면 그 의미란 것이 다양화되면서 소비 내용 역시 그에 따라 분화되었다는 점뿐이다. 비싼 시계는 여전히 사회 내에서 권력과 부를 표현한다. 하지만 고가의 시계라고 다 같은 것이 아니다. 시계 같지 않은 시계도 있고, 지나치게 시계 같은 시계도 있다. 다양한 스타일의 시계가 다양한 방식으로 존재하고 있는 것이다. 이는 오늘날 과시할 수 있는 대상이 권력이나 부유함 이외에도 많다는 것을 암시한다. 물론 과시 소비를 추종하며 따라하는 이들도 여전히 존재한다. 시계 없는 시곗줄만을 주머니 밖으로 내놓고 다니던 이들의 후예들도 사라지지 않았다.

시계는 사랑을 표현하는 사물이기도 하다. 구체적으로 언제부터였는지는 알 수 없지만 시간과 관계된 사물이라는 점 때문에 시계는

이런 의미를 획득하였을 것이다. 그것이 비록 환상이라고 할지라도, 사랑이 아주 오랜 시간 동안, 아니 영원히 이어지기를 바라는 마음을 시계는 품고 있다. 결혼이나 약혼과 함께 시계를 주고받는 이유가 바로 여기에 있는 것이다.

시계는 사회적으로 유통되는 의미 때문에 소비되어 왔고, 현재에도 그 이유 때문에 소비되고 있다. 하지만 근대 권력은 근대적 시간과의 관계에서 시계의 가치를 발견하려고 했다. 근대적 시간을 정확하게 표현하는 것이야말로 근대 공간에서 시계가 부여받은 가장 중요한 임무였고, 시계를 시계이게 만드는 핵심적인 속성이었다.

근대의 확산과 함께 시계는 일상 곳곳으로 퍼져 갔다. 시계가 알려 주는 시간에 따라 생활하자는 목소리도 따라서 확대되었다. 「태만한 경찰서 시계: '때의 기념'과 각처 시계검사」라는 1922년 6월 11일자 『동아일보』 기사는 그중 하나다. 화자는 경성부의 공무원들이 시계가 알려주는 시간에 맞춰 생활하지 않는다는 사실을 먼저 지적한 후, 시계의 시간에 따라 규칙적인 생활을 해야 한다고 주장한다. 규칙적 생활이란 구체적으로 "일정한 시간에 일하고, 일정한 시간에 쉬며, 일정한 시간에 교제"하는 것을 말한다. 기사는 이것을 생활개선이라고 표현하면서, 그 "표준은 다시 물을 것도 없이 문명의 기계인 '시계'"[14]가 되어야 한다고 강조하고 있다.

　기사는 시계를 "문명의 기계"로 표현하고 있다. 시계가 문명으로 이해되는 인식의 지점에서 시계가 알려주는 시간에 따라 규칙적으로 움직이지 않는 것은 야만일 뿐이다. 그렇다면 이 기사는 문명과 야만을 상정하고, 문명을 취해야 할 것에, 야만을 버려야 할 것에 대응시키고 있는 것이다. 야만의 생활에서 벗어나 문명의 삶을 살자고 하는데 누가 거부할 수 있겠는가? 기사는 바로 이러한 이해에 기대어 시계, 더 나아가 근대의 시간을 계몽하고 있는 것이다.

　"시간을 지킵시다!"라는 1935년 6월 8일자 『동아일보』 기사 역시 같은 맥락에 자리한다. 이 기사는 정확한 시간을 알려 주기 위해 열린 행사를 다루고 있다. 경성 소방서와 경성부 내 각 공장에서 오전 6시, 정오, 오후 6시에 사이렌을 울리는 행사가 그것이다. 얼핏 보기에 시계마다 차이 나는 시간을 통일하도록 도와주어, 시민들이 겪을 수 있는 혼란을 피하고, 생활의 편리함을 제공하기 위해 마련된 행사처럼 느껴진다. 하지만 그 이면에는 시계를 시민들 가까이로 가져가, 시계의 호흡과 리듬에 따라 신체가 공명하도록 길들이려는 의도가 자리하고 있었다.

　그 의도를 명확히 알기 위해서는 행사가 이루어지는 장소가 어디였는지 보아야 한다. 관공서뿐만 아니라 공장이 행사 장소였다는 점은 특히 중요하다. 왜냐하면 그 행사가 노동자를 주된 대상으로 하

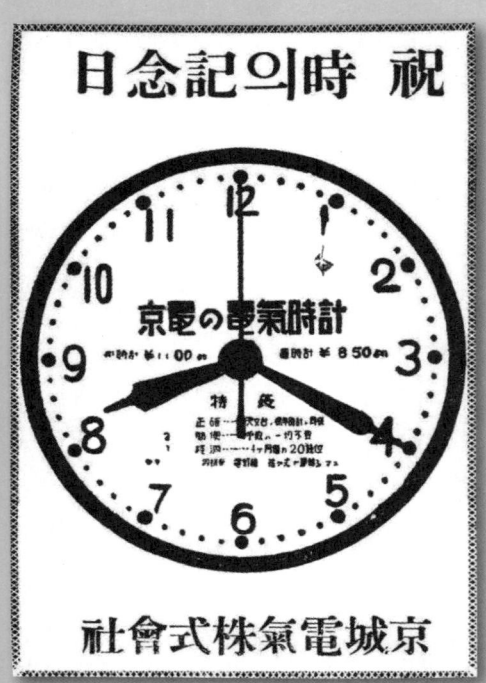

「시의 기념일」
동아일보,
1936년 6월 10일

고 있다는 사실을 보여 주는 것이기 때문이다. 사이렌이 울렸던 오전 6시, 정오, 오후 6시는 노동자들의 움직임이 변하는 변곡점이다. 다시 말해 노동자들이 일어나야 하는 시간이고, 밥을 먹어야 하는 시간이며, 일을 마무리할 수 있는 시간이라는 말이다. 이것이야말로 왜 하필 그 시간을 사이렌이 선택했는지에 대한 이유인 것이다.

사이렌은 그날 하루만 울리지 않았을 것이다. 시계가 없는 이들에게 근대의 시간을 이보다 더 효과적으로 각인시키는 방법은 없다. 깊은 생각의 힘을 빌리지 않더라도, 당시 시계를 소유하고 있는 노동자들이 많지 않았을 것이라는 점은 쉽게 추측할 수 있다. 그렇다고 모든 이들에게 시계를 배급하는 어리석은 일을 할 자본이 아니다. 자본은 사이렌 소리 하나면 충분하다는 것을 누구보다 잘 알고 있었다. 왜냐하면 그 소리를 듣는 순간 시계를 가지고 있지 않은 사람들도 시계를 가진 사람이 되기 때문이다. 시계가 물질적인 모습으로만 존재할 것이라고 생각해서는 안 된다. 일정한 시간에 울리는 사이렌 소리는 이미 충분히 시계다. 누가 일정한 시간마다 울려대는 근대 학교의 종소리를 시계가 아니라고 말할 수 있을까? 누가 새마을운동이 펼쳐지던 1970년대 시골 마을의 노랫소리, 그 규칙적으로 반복되는 「새마을 노래」 소리를 시계가 아니라고 말할 수 있을까?

손목시계, 제국의 점령군 1926년 5월 29일자 『동아일보』에 시계 광고 하나가 등장한다. 광고 중앙에 자리한 시계 이미지도 그렇지만, 무엇보다 "실무, 여행, 산보에는 잊지 마십시오. 완권시계腕卷時計를"[15] 이라는 표현이 시선을 사로잡는다. 여기서 '실무'는 일을 의미한다. '여행'이나 '산보'는 여가활동을 뜻하는 환유적 표현이라고 할 수 있다. 이러한 표현을 통해 광고는 언제 어디서나 시계와 함께 하면서, 시계가 알려 주는 시간에 따라 생활해야 한다는 메시지를 던지고 있는 것이다.

그런데 광고의 메시지는 여기서 끝나지 않는다. 일을 할 때는 물론이고, 여가활동에도 시계가 필요한 시대가 도래했다는 것, 완권시계만이 그러한 필요를 충족시켜 줄 수 있다는 것, 무엇보다 종로에 있는 '중앙당'에서 그러한 완권시계를 구입할 수 있다는 것을 말하고 있기 때문이다. 완권시계는 손목시계를 뜻한다. 손목시계는 완권시계라는 이름으로뿐만 아니라 '팔뚝시계'로도 불렸다.

기록에 따르면 세계 최초의 손목시계는 까르띠에Cartier가 프랑스의 비행기 조종사인 산토스뒤몽Alberto Santos-Dumont을 위해 1904년에 제작한 것으로 알려져 있다. 당시 산토스뒤몽은 비행 중 조종간을 놓지 않고도 시간을 확인할 수 있기를 희망했다. 이러한 요구에 화답해 까르띠에가 네모난 손목시계를 만들어 주면서 손목시계가 시

작되었다고 역사는 기록하고 있다. 하지만 그 이전에도 여성들은 손목시계를 사용하고 있었다.[16]

사실 손목시계는 한동안 여성의 물건으로 받아들여졌다. 이 땅에서도 그러한 인식이 자리하고 있었다. 1934년에 발표된 박태원의 「소설가 구보씨의 1일」에는 손목시계에 대한 당시의 인식을 엿볼 수 있는 표현이 등장한다.

> "구보는, 그러나, 시계를 갖지 않았다. 갖는다면, 그는 우아한 회중시계를 택할 게다. 팔뚝시계—그것은 소녀취미에나 맞을 게다. 구보는 그렇게도 팔뚝시계를 갈망하던 한 소녀를 생각하였다."[17]

1927년 6월호 『신문춘추』에도 유사한 인식을 담은 삽화가 등장한다. 안석주가 그린 「모던걸의 장신운동」이라는 이 삽화에는 손가락에는 반지를 끼고, 손목에는 시계를 차고 있는 여성들의 과시적 몸짓이 유머스럽게 표현되어 있다. 그림은 당시 손목시계가 여성의 물건이고, 장식품의 일종이었으며, 사회에서 신여성임을 증명하는 표식이었다는 사실을 보여 준다.

하지만 손목시계가 여성의 물건이라는 인식은 점차 흐려졌다. 손목시계가 대중화된 것, 특히 남성들이 손목시계를 차고 다니기 시작한 것은 무엇보다 군사적 맥락에서의 요구 때문이라고 할 수 있다. 군대는 그러한 필요를 적극적으로 생산해 내었다. 일본의 경우를 보면 그 내용을 명확히 알 수 있다. 20세기 전후로 일본은 여러 전쟁의 주인공이었다. 전쟁에 참여한 소수의 군인들, 특히 하사관 이상의 군인들은 회중시계를 갖고 있었다. 하지만 전쟁터에서 회중시계를 사용하는 것은 불편한 일이었다. 호주머니에서 꺼내, 시간을 확인한 후, 그것을 다시 호주머니에 넣어야 했기 때문이다. 이 때문에 많은 일본군 하사관들은 회중시계를 손목에 찰 수 있도록 개조하여 사용하였다.

하사관으로 소유가 제한되었던 시계는 러일전쟁을 기점으로 일반 사병들에게까지 확대되었다. 왜 러일전쟁이었을까? 1904년에 시작된 러일전쟁은 기관총이 본격적으로 사용된 전쟁이었다. 물론 기관총은 그 이전에 발명되었지만, 맥심기관총과 같이 기관총다운 기관총이 사용된 것은 이 무렵부터였다. 당시 러시아가 사용했던 맥심기관총은 밀집대형 전투에 익숙해 있던 일본군에게 치명상을 입혔다. 뤼순공방전이라고 알려진 전투에서 일본군은 러시아군 사상자보다 두 배가 많은 6만여 명의 피해를 입었다. 그 주된 원인은 바로 기관총 때문이었다.[18]

기관총으로 인해 일본군은 부대를 가능한 분산시켜야 했고, 병사

안석주,
「모던걸의 장신운동」
신문춘추,
1927년 6월

신종당시계포
학생용 시계 광고
동아일보,
1923년 8월 3일

반짝이는 반지는
광고 속 손이 여성의
손임을 보여주고 있다.
그렇다면 여기서의
학생은 여학생을
뜻한다고 할 수 있다.
이 광고는 당시만
하더라도 손목시계가
여성의 사물이었음을
보여주고 있는
증거라 할 수 있다.

들의 간격도 넓혀야 했다. 전술상의 변화도 피할 수 없었다. 이전까지 장교를 중심으로 중대나 소대 단위로 움직였다면, 이제는 하사관을 중심으로 분대 단위로 움직여야 했던 것이다. 그에 따라 작전도 치밀해졌고, 작전에서 시계가 차지하는 비중도 커졌다. 서로 떨어져 있는 부대나 병사가 명령받은 작전 시간에 해당된 임무를 수행하기 위해서는 시계가 필수적이었다. 이러한 변화가 시계를 일반 사병에까지 확산시켰다. 더욱이 군대에서 시계 사용습관을 익힌 군인들은 민간인으로 돌아간 후에도 여전히 시계를 사용하였다. 바로 이러한 현상이 일반 민중에게 시계, 특히 손목시계를 확산시키는 데 중요한 역할을 했던 것이다.[19]

손목시계 광고가 등장하기 시작한 것은 1920년대 초의 일이다. 아마 이때부터 이 땅에 살던 이들 중에도 손목시계를 사용하는 사람들이 생겨나기 시작했을 것이다. 1921년 7월 24일자 『동아일보』의 "완권시계 신착"이라는 광고 표현에서 알 수 있듯이 당시의 시계는 모두 수입품이었다. 일본에서 수입된 제품이 많았지만, 일본에서 제조된 것만 유입된 것은 아니었다. 오히려 미국이나 독일과 같은 곳에서 유입된 것들이 더욱 좋은 시계로 대접받았다. 서구의 것을 선호하는 이러한 인식 역시도 어떻게 보면 일본으로부터 유입된 것이었는지 모른다.

이 시기 조선은 일제의 식민지였다. 많은 일본인들이 조선에 거주하고 있었고, 그들 중 상당수가 상업에 종사하고 있었다. 이 때문에 일본 사회에서 유행하는 물건들은 거의 동시에 조선에도 유입되었다. 식민지에 있는 일본인들의 편의를 위해 일제가 노력을 게을리하지 않았다는 사실도 이러한 움직임을 가능하게 한 주된 요인이었다. 손목시계 역시 이러한 흐름을 타고 유입되었다.

시계의 자리가 손목이라는 점은 근대적 시간의 확산이라는 측면에서 특히 주목해 보아야 한다. 왜냐하면 손목이 시계의 자리가 되었다는 것은 시계가 비로소 몸의 일부가 되었다는 것을 뜻하기 때문이다. 회중시계만 하더라도 시계의 자리는 몸의 외부였다. 그것은 시계에 연결된 줄을 통해 간신히 몸과 이어져 있었을 뿐이다. 하지만 손목시계는 줄이라는 매개물에 의지하지 않고, 당당히 사용자의 몸에 자신을 부착시켰다. 더욱이 손목은 사용자의 시선과 가장 가깝게 연결될 수 있는 최적의 장소였다. 손목을 가볍게 들어올리는 행위만으로 언제 어디서든 사용자는 시계와 친밀한 시선을 교환하며 근대의 시간을 확인할 수 있게 된 것이다.

손목시계 사용자들은 세상이 편리해졌다고 믿었다. 하지만 손목시계는 다른 생각을 했다. 그 생각이 무엇이었는지 알기 위해서는 시계가 근대적 시간의 수호자라는 사실을 기억할 수 있어야 한다. 손목

시계를 찬 이들이 편리를 떠올릴 때, 손목시계는 근대적 시간의 감시
망이 성공적으로 구축된 것을 자축했다. 이제 근대적 시간이 사용자
들을 통제할 수 있게 되었다고 생각하니 손목시계의 마음은 들떴다.
시계의 입가에 미소가 번졌다. 그것은 다름 아닌 점령군의 미소였다.

　손목시계의 생각은 틀리지 않았다. 실제로 손목시계는 다양한 성
격의 시간을 타고 흘러 다니던 생활 주체들의 욕망과 몸짓을 자신
의 기계적 리듬으로 포획하였다. 그것은 다른 리듬을 허락하지 않았
다. 마치 수갑이 수감자의 자유로운 몸의 움직임을 억압하듯이 말이
다.[20] 그리고 보면 수갑과 손목시계는 지나치게 닮았다. 그 유사성이
형태적 유사성을 넘어 기능의 유사성으로, 기능의 유사성을 넘어 의
미의 유사성으로 확대되었다고 한다면 지나친 표현일까?

시간 여행자가 자신의 손목을 들어올린다. 손목시계가 물끄러미 쳐
다본다. 그 순간에도 초침은 쉬지 않고 한발 한발을 내딛고 있다. 시
간 여행자는 또 다시 모던부르크에서의 지나간 미래를 떠올린다. 온
갖 디지털 장치들이 감시에 대한 욕망, 통제에 대한 욕망, 자본에 대
한 욕망을 편리한 삶, 안전한 삶, 스마트한 삶이라는 구호로 가린 채
탐욕스러운 촉수로 삶을 더듬었던 곳! 그곳에서 한 예언자는 말했
다. "의심하라! 당신의 손목을 노리는 모든 것들을……."

"우웰삼(Waltham)
시계는 늘 정확한
시간을 표하오.
시간을 엄수하는
활동가는 항상
우웰삼 완권시계를
애용합니다."
미국 국기를 든
시계들이 세계를
정복하고 있는 모습이
인상적이다. 당시는
미국과 독일에서
만들어진 시계들이
인기를 끌었다.

2 투시법

◆

외눈박이 근대의 차가운 시선

「겨울의 가두 풍경」
동아일보,
1932년 12월 27일

유령들에 둘러싸인 눈 여기 한 장의 사진이 있다. 1932년이 저물어 가는 어느 겨울날, 나름 근대의 분위기가 느껴지는 도심의 풍경을 박제하듯 담아낸 사진이다. 수직으로 뻗은 빌딩과 전봇대가 소실점을 향해 늘어서 있고, 그 사이로 한복 입은 사람들이 잔뜩 웅크린 채 걸어온다. 그 모습만으로도 한 겨울의 냉기가 느껴질 정도다.

한 남성이 그들을 헤치며 걸어간다. 한쪽 어깨에는 긴 사다리를, 다른 쪽 어깨에는 커다란 짐을 메고 가는 그의 뒷모습이 무척이나 힘겨워 보인다. 기울어진 사다리는 수직으로 뻗은 도시의 선들과 묘한 대비를 이루고 있다. 마치 근대도시에서의 위태로운 그의 삶을 반영이라도 하듯이 말이다. 남성의 발걸음 주위를 휘감고 있는 것은 고통이다. 어깨를 누르는 짐의 무게가 주는 고통, 겨울의 추위가 주는 고통, 그리고 무엇보다 가난이 주는 고통! 어쩌면 사진의 시선은 이러한 고통들을 주목하고 있는 것인지 모른다.

힘겹게 발걸음을 내딛는 남성 앞으로 한 여성이 당당하게 걸어간다. 도회적 분위기를 풍기는 그녀는 아마도 신여성일 것이다. 따뜻해 보이는 두꺼운 서양식 코트가 반대편에서 걸어오는 이의 얇은 한복과 강한 대비를 이루고 있다. 그런데 무엇보다 눈에 띄는 것은 그녀의 꼿꼿한 자세다. 그녀의 모습은 수직적인 도시 풍경과 너무도 닮았다. 어쩌면 그녀는 자신이 근대도시의 주인공이라는 사실을 몸으로 보여주고 있는 것인지 모른다. 사진을 찍은 이가 사다리를 메고 가는 남성과 함께 또 다른 대상을 주목했다면 그것은 바로 이 여성일 것이다.

사진의 시선은 왜 하필 이들을 주목했던 것일까? 그 시선은 왜 하필 소실점을 화면의 중앙에 위치시키는 방식으로 세계를 보고 있는 것일까? 과연 이러한 바라봄은 사진을 촬영한 이의 주체적 의지의 산물일까?

사진을 찍으면서 그는 자신의 주체적 의지에 의해 대상을 바라본다는 사실을 의심하지 않았을 것이다. 자신이 보고 싶어서 보는 것이고, 자신이 보고자 하는 것을 보고 있다고 말이다. 그는 또한 확신했을 것이다. 보는 자신의 행위를 통해 있는 그대로의 대상을 지각하고 있다고 말이다. 과연 그가 보고 있는 것은 자신이 보고 있다고 믿는 바로 그것일까? 과연 그의 눈은 그런 능력을 가지고 있을까?

사각의 방 하나를 떠올려 보자. 사방이 불투명한 벽으로 밀폐되어 있어 방 안은 암흑의 세계다. 한쪽 벽에 작은 구멍을 뚫고, 그 앞에 렌즈를 배치해 보자. 구멍을 통해 스며든 빛은 반대편 벽에 자리한 하얀 막에 멈춰 서서 외부 풍경을 재현할 것이다. 카메라를 연상시키는 이 어두운 방을 고대 사람들은 카메라 옵스큐라camera obscura라고 불렀다.

카메라 옵스큐라! 데카르트René Descartes는 이 장치를 통해 눈과 바라봄을 사유하였다.[1] 사실 그에게 카메라 옵스큐라는 단순한 눈의 은유나 재현을 넘어선다. 대상에 대한 완벽한 재현이 가능한 광학적 장치, 그에게 이것은 인간의 눈과 지각이 도달해야 하는 최종 목적지였기 때문이다. 광학적 장치를 이야기하면서 데카르트가 상상한 것은 순수한 지각이었다. 순수한 지각은 일체의 시각적 환영을 거부한다. 투명함과 명확함만이 유통되는 지각의 공간, 바로 그 공간에서 이루어지는 지각인 것이다.

메를로퐁티Maurice Merleau-Ponty는 데카르트의 『광학』을 시각에서 유령을 쫓아내고 환영과 모호함을 없애려고 한 기획이었다고 평가했다.[2] 물론 메를로퐁티는 현상학적인 입장을 견지해 왔기 때문에 순수한 지각에 대한 데카르트의 생각을 받아들이지 않았다. 조너선 크래리Jonathan Crary 역시 눈의 시각을 카메라에 대응시키는 것은 "보는 행위를 관찰자의 육체로부터 찢어 놓는 것"이며 "시각을 탈육체화시키는 것"[3]이라고 비판했다. 데카르트가 이야기한 눈과 그러한 눈에 의한 지각은 실제 눈의 모습이 아닐 뿐만 아니라, 실제 지각의 모습도 아니라는 것이다. 달리아 주도비츠Dalia Judovitz도 그것을 지성적인 시각이라고 명명하면서 "지성적인 시각은 눈의 시각이 아니"라고 말한다. 그는 더 나아가 "그것은 차라리 지성이 눈의 한계로부터 구출해낸 새로운 종류의 시각"[4]이라고 주장하면서 일상적인 바라봄과 명확히 구분하였다.

이들이 주장하는 바는 명백하다. 데카르트가 이야기한 순수한 지각은 상상과 관념적 차원에서만 존재한다는 것이다.

이를 확인하기 위해서는 무엇보다 '시각vision'과 '시각성visuality'을 구분할 수 있어야 한다. 존 A. 워커John A. Walker와 사라 채플린Sarah Chaplin은 "빛의 자극이 눈에 작용하는 과정에서 발생하는 물리학적, 생리학적 과정"을 '시각'이라고 정의했다. 반면 "사회화된 시각"이자 "사회적 과정" 속에서 형성된 시각을 '시각성'이라고 정의하였다.[5] 이들이 참고한 『시각과 시각성』이라는 책의 서론에서 핼 포스터Hal Foster는 "시각은 어떤 신체적인 작용으로서의 시선sight을 연상시키고, 시각성은 어떤 사회적인 사실로서의 시선을 연상시킨다."[6]고 주장하였다. 즉, 시각이 물리적 차원에서 빛에 대한 눈의 반응과 작용을 의미한다면, 시각성은 사회적인 차원에서 유통되는 담론과 사회적 관계 속에서 형성된 바라봄을 의미하는 것이다.

만일 누군가 '시각'의 맥락에서만 바라봄의 문제를 다룬다면 그는 물리적 차원을 벗어난 바라봄의 문제들을 떠올리지 못할 것이다. 역사, 사회, 그리고 문화에 따라 달라지는 바라봄의 차이들을 설명할 수 없다는 말이다. 역사, 사회, 문화 등에 따라 달라지는 바라봄의 체제를 크리스티앙 메츠Christian Metz는 '시각체제scopic regime'라고 불렀다. 시각체제가 시각이 아닌 시각성과 관계하는 개념이라는 사실을 떠올리는 것은 어려운 일이 아니다.

이제 다시 1932년 겨울의 도심 거리 풍경을 담은 사진을 보자. 과연 사진의 시선은 투명한 눈으로 도심 거리를 보고 있는 것일까? 이 물음에 답하기 위해서는 무엇인가를 바라보는 시선은 언제나 특정한 역사, 사회, 문화적인 맥락에 자리한다는 사실을 떠올려야 한다. 아마 도심 거리를 바라보는 시선 역시 당시의 맥락 속에서 형성된 특정 시각체제의 영향을 받고 있었을 것이다. 무매개적인 투명한 시각을 통해서 대상을 바라보는 것이 아니라, 시각성이라는 뿌연 막을 통해 대상과 만나고 있다는 말이다. 이 막에 대해 노먼 브라이슨 Norman Bryson은 다음과 같이 말했다.

"말하자면 망막과 세계 사이에는 기호들의 스크린, 즉 사회적인 활동의 장을 이루는 시각에 대한 모든 다양한 담론들로 구성된 스크린이 삽입되어 있는 것이다."7

브라이슨이 이야기하는 "기호들의 스크린", 혹은 "담론들로 구성된 스크린"은 일상에서 구체적인 바라봄을 가능하게 하는 필수조건이다. 데카르트였다면 이 스크린에서 유령을 발견했을 것이다. 하지만 브라이슨을 통해서 우리는 유령으로부터 데카르트가 구출해 낸 지성적 시각이 비현실적인 시각이라는 것을 다시 한번 확인하게 된다. 대상과 망막 사이에 자리하는 담론들의 막, 즉 사회적으로 소통되는 상징적 질서의 틀을 통해서 대상을 보고, 또 볼 수밖에 없다는 사실을 우리는 인정해야만 하는 것이다.

현실의 눈은 필연적으로 데카르트가 피하고자 한 유령들을 불러들인다. 그 결과 유령은 언제나 현실의 눈 주위를 서성거린다. 유령에 둘러싸인 눈! 이것이야말로 현실에 자리하는 눈의 실제 모습이고, 이러한 눈을 통한 바라봄이야말로 세계와 관계 맺는 시각의 실제 모습인 것이다. 1932년 도심의 풍경을 담은 사진 역시 그러한 바라봄에서 예외일 수 없다. 그렇다면 대상을 그 자체로 지각하지 못하게 하는 유령의 정체는 무엇일까? 그 유령은 어디에서 오는 것일까?

관찰하는 지식 사적인 자리에서 의사들을 만날 때가 있다. 종종 그들은 인간의 병에 대해 자신들이 많은 것을 알고 있지 못하다고 토로한다. 이런 이야기를 들으면, 어디선가 혼돈스러움이 밀려온다. 동시에 스크린 속의 사진들을 빠르게 넘길 때처럼, 그동안 병원을 찾았던 기억들이 스쳐 지나간다. 왜냐하면 병원에서 만났던 의사들은 달랐기 때문이다. 그곳에서 그들은 언제나 명쾌하면서도 단호하게 말한다. 모르는 것을 감추기 위해 연기하는 것이라고 의심하기에는 그들의 연기력이 지나치게 훌륭하다.

무엇이 이러한 차이를 만들어 내는 것일까? 물론 의사 개개인의 차이일 수도 있다. 이런 의사도 있고 저런 의사도 있으니까 말이다. 하지만 그렇게 치부해 버릴 수 없는 뭔가가 거기에는 있다.

일반적으로 병원은 몸에 문제가 있을 때 찾는 곳이다. 기침을 하거나, 입술 주변이 부풀어 오르거나, 아니면 열이 나는 경우가 이에 해당된다. 자기 앞에 앉아 있는 환자를 향해 의사는 묻는다. 어디가 아파서 왔는지를 말이다. 환자는 불편한 곳이 어디인지, 어떻게 아픈지, 심지어 아프기 전에 무엇을 먹고 어떤 일이 있었는지까지 자세히 고백한다. 의사는 아픈 부위를 관찰한다. 물론 청진기로 소리를 듣기도 하고, 이리저리 몸을 만져 보기도 한다. 하지만 이 모든 것들은 관찰이라는 지붕 아래 부수적으로 존재하는 움직임일 뿐이다.

일반적으로 의사들의 관찰 시간은 짧다. 자신들의 능력이 관찰 시간에 반비례한다는 것을 증명이라도 하려는 것처럼 말이다. 물론 오랜 관찰이 이루어지는 경우도 있다. 그러한 경우 환자는 다양한 기계들을 순례해야 한다. 때로는 첨단 과학으로 무장한 기계의 제단에 누워 무표정한 기계의 눈에 자신을 드러내기도 해야 한다.

그렇게 너무 짧거나 너무 긴 관찰이 끝나면 의사는 말한다. "감기 시군요." 혹은 "꽃가루 알러지입니다." 등등. 이제 의사는 처방전을 작성한다. 알 수 없는 기호들의 세계, 자신과 약사만이 아는 기호의 목록을 말이다.

일반적으로 의사들은 환자의 아픈 부위를 무심히 관찰한다. 하지만 관찰하는 시선은 중립적인 시선이 아니다. 관찰에 앞서 무엇인가가 존재하고, 그것이 관찰하는 의사의 시선을 포획한다. 의사는 이렇게 포획된 시선을 통해 증상을 관찰하는 것이다. 관찰에 앞서 존재하는 무엇, 의사의 시선을 포획한 그것의 정체는 무엇일까? 그것은 바로 담론의 막이다. 브라이슨이 이야기한 "기호들의 스크린", 혹은 "담론들로 구성된 스크린"이 바로 그것이다. 더 구체적으로는 의학적 지식이라는 스크린이다.

지식과 본다는 것의 관계에 대해 푸코만큼 깊은 통찰을 보여 준 철학자는 일찍이 없었다. 그는 다음과 같이 말했다.

"19세기 초기에 의사들은 오랫동안 '보일 수 있는 것'과 '말해질 수 있는 것'이라는 철칙에 가려져 의학적 지식의 영역으로 떠오르지 못했던 여러 가지 주변 현상들을 기술하기 시작한다. 이런 움직임을 놓고, 의사들이 오랫동안 반성과 숙고를 한 끝에 과거에 있었던 상상력을 버리고 이제는 이성의 목소리를 듣기 시작한 것이라고 해석해서는 안 된다. 의학이 돌연히 태도를 바꾼 것은 차라리 기왕에 존재해 온 '보임'과 '보이지 않음'을 나누던 지식의 경계가 변화했기 때문이며, 그리하여 지금까지 의학적 지식의 영역으로 포섭되지 못한 대상들이 의사들의 시선과 언어에 포착되기에 이른 것이라고 말하는 게 올바른 해석일 것이다."[8]

19세기 전후, 의사들의 시선, 태도, 역할 등에 어떤 변화가 있었음을 푸코는 지적하고 있다. 그 변화는 기록하는 움직임으로부터 시작되었다. 기록되기 위해서 대상은 이름을 가져야 한다. 이름은 비가시적인 영역에 안개처럼 존재하던 것들에 형체를 부여한다. 때문에 이름을 붙이고 기록한다는 것은 대상을 관찰자의 시선 앞에 세우는 움직임이라고 할 수 있다.

흔히, 본 것에 이름을 붙인다고 생각하기 쉽다. 하지만 사실은 그 역이라고 해야 할 것이다. 즉, 지각된 것에 이름을 붙이는 것이 아니라, 이름을 부여받음으로써 대상은 비로소 지각 가능한 것이 되는 것이다. 이름을 부여받음으로써 지각 가능하게 된 대상들은 이제 비교와 분류의 움직임 속에 놓여진다. 유사점과 차이점이 무엇인지가 밝혀지고, 결과를 만들어 낸 원인들이 모습을 드러낸다. 서로 개별적이었던 현상들이 사실은 밀접한 관계가 있었음이 밝혀지기도 한다.

이로써 대상은 지식이라는 밝은 빛에 둘러싸이게 되는 것이다.

19세기 전후, 의학의 영역에서 발생한 현상은 새로운 지식의 탄생이었다. 지식은 나무다. 서로 관계있는 현상들이 상위의 현상과 만나고, 그러한 상위의 현상들이 질병과 대응되며, 그러한 질병들이 또다시 상위의 질병과 이어지는 나무! 바로 이 나무가 임상의학이라 불리는 지식인 것이다. 아픈 부위를 관찰하는 의사의 구체적인 행위에 앞서 존재하는 것이 바로 이것이다. 하나의 "증상은 그것 자체로는 아무 의미도 없지만, 다른 요인들과 결합되기 시작한다면 새로운 의미와 가치를 지니면서 자신의 언어로 말하기 시작"[9]한다는 푸코의 주장에서 '다른 요인들'에 포함될 수 있는 핵심 내용 역시 이것이다. 병원의 의사들로 하여금 명확하고도 단호하게 말하도록 한 것의 정체도 바로 이것이다.

임상의학의 지식체계는 어떤 증상이 무엇 때문에 발생하는 것인지를 알려준다. 뿐만 아니라 그러한 증상을 발생시키는 병의 이름이 무엇인지, 그 병을 치료하기 위해서는 어떠한 처방과 조치들이 있어야 하는지도 알려준다. 관찰을 통해 증상과 징후만 확인되면, 치료는 정해져 있는 경로를 밟기만 하면 되는 것이다. 의사들의 거침없는 말과 행동이 사실은 그들의 몸과 입을 빌린 임상의학적 지식의 행동이자 발화라고 한다면 지나친 표현일까?

임상의학적 지식은 이전과 다른 방식으로 "의학적 경험에 일정한 틀을 부여"하였고, 이전과 다른 방식으로 "대상을 분절"하였다.[10] 이를 통해 그 지식은 그동안 보이지 않았던 것들을 볼 수 있게 하였다. 동시에 이전까지 볼 수 있었던 것들을 볼 수 없게 만들기도 했다. 그 지식은 특정한 증상과 징후들만을 주목하게 하였고, 관찰되는 증상과 징후 이외의 것들을 침묵하게 하였다. 의사들은 임상의학적 지식을 통해 환자들의 피부를 뚫고 어둠에 가려졌던 미지의 세계로 눈을 확장하였다. 이로써 이전까지 상상도 할 수 없었던 바라봄의 방식이 점차 당연한 것으로 자리 잡기 시작했다.

새로운 바라봄을 가능하게 한 새로운 지식은 의사들을 이전과 다른 존재로 규정하였다. 그 결과 의사들은 병이라는 타자의 이름으로 정상적인 것의 범위를 그려 낼 수 있는 존재가 되었다. 지식의 역할은 거기에 머물지 않았다. 지식을 통해 그들은 정상과 비정상을 구분할 수 있을 뿐만 아니라 심지어 비정상을 정상의 영역으로 되돌릴 수 있는 특별한 능력을 가진 존재로 받아들여졌다. 의사들의 역할과 위상이 변한 것이다. 이는 지식이 어떻게 가시성의 질서를 만들어 내고, 그 가시성의 질서가 또 어떻게 권력과 관계하는지를 보여준다.

여기서 우리는 다시 묻게 된다. 구체적인 바라봄을 가능하게 하는 것이 과연 지식뿐일까? 바라봄의 방식은 고정된 것일까? 만일 그것이 고정된 것이 아니라면 언제 어떻게 새로운 바라봄의 방식이 등장하는 것일까?

앎과 경험, 그리고 보는 방식의 변증법 존 버거John Berger는 "우리들이 사물을 보는 시각은 무엇을 알고 있는가, 또는 무엇을 믿고 있는가에 깊은 영향을 받고 있다."[11]고 주장한 바 있다. 바라봄이 앎과 믿음의 내용에 영향을 받는다는 자신의 주장에 대한 근거로 그는 지옥의 존재를 믿었던 중세 사람들의 불에 대한 시각과 그러한 믿음이 약화된 근대인들의 불에 대한 시각을 비교하였다. 근대인들은 편리성을 떠올리며 불을 바라볼지 모르지만, 불타는 지옥을 믿었던 중세 사람들은 고통을 떠올리며 그것을 바라보았다는 것이다.

그런데 엄밀히 말한다면 앎과 믿음은 다른 것이다. 믿음은 그 무엇보다 강력한 존재다. 지식도 믿음 앞에서는 무릎을 꿇을 수밖에 없다. 믿음은 단순히 무엇인가를 보게 하거나 보이지 않게만 하는 것이 아니다. 믿음은 존재하지 않는 것을 존재하게 만들어 주기도 하고, 존재하는 것을 사라지게도 한다. 믿음은 다이아몬드와 같이 견고하기 때문에 쉽게 변하거나 사라지지 않는다. 예나 지금이나 사람들은 믿음의 알갱이들을 품고 산다. 믿음은 그들 내부에서 자생적으로 만들어지는 것이 아니다. 이성, 습관, 감화를 통해 믿음이 만들어진다고 지적했을 때, 파스칼Blaise Pascal은 믿음이 외부에서 유입되는 것이고 일정한 과정을 통해 형성되는 것임을 알고 있었다.[12] 우연한 계기로 개인에게 스며든 믿음의 내용은 이성의 작용, 습관, 감화를 통해 그와 완전히 하나가 된다. 믿음의 욕망은 그의 욕망이 되고, 믿음의 생각은 그의 생각이 되는 것이다.

앎은 어떤가? 앎이란 낯선 미지의 세계가 지각 불가능한 무지의 영역을 벗어나 지각 가능한 영역으로 들어서는 최초의 상태라 할 수 있다. 그것은 투명하지도 않고, 그렇다고 불투명하지도 않다. 견고하기보다는 말랑말랑하고, 고정되어 있기보다는 흐느적거린다. 시간에 저항하거나 불변을 고집하지도 않는다. 생성과 소멸의 움직임이 파도처럼 출렁이는 사이 존재! 지옥과 천국 사이의 연옥과도 같은 곳! 그곳이 바로 앎의 영역인 것이다.

이성의 작용에 의해 체계화된 앎은 지식의 자리로 이동한다. 때로는 믿음의 자리로 이동하는 앎도 존재할 수 있다. 하지만 그 이동이 쉬운 것은 아니다. 때문에 앎에 비해 지식이나 믿음의 규모는 작을 수밖에 없다. 앎을 비정형의 거대한 바다라고 한다면, 믿음이나 지식은 그 위에 떠있는 작은 섬이라고 해야 할 것이다.

믿음이나 지식은 미지의 영역을 포획하려는 의지가 강하다. 때문에 믿음이나 지식이 중심이 된 경험은 자신의 고정된 틀로 미지의 세계를 포착하고, 그 틀의 의지에 합당하게 세계를 바꾸려는 움직임으로 나타난다. 앎도 그러한 의지가 없는 것은 아니지만 그 강도는 매우 약하다.

앎은 경험을 통해서 형성된다. 경험이란 뼈와 살을 가진 하나의 주체가 미지의 세계와 만나는 과정이다. 다시 말해 출렁이는 앎의 끝에 서서, 한치 앞이 보이지 않는 암흑의 세계, 그 알 수 없는 무지의 세계와 대면하는 과정인 것이다. 경험은 용기를 필요로 한다. 미지의 세계에서 뻗어 나온 암흑의 줄기들이 경계에 불안정한 모습으로 서 있는 경험 주체를 언제든 무너뜨릴 수 있기 때문이다. 자신에게 속한 앎, 지식, 믿음이 무너질 수 있는 가능성, 그 위험을 딛고 미지의 세계와 마주할 때, 경험은 한 개인을 확장시키고 성장시킬 수 있는 것이다.

앎이란 경험을 통해 생성된다. 새로운 앎은 지식을 바꾸고, 보는 방식도 바꿀 수 있다.

"필립스사에서 제작한 전자레인지는 원래 식탁 위에 놓아두고 크로크
포트Crock-Pot, 즉 퐁뒤와 같은 음식의 조리나 보온용 기구 이미지를 떠
올리게끔 디자인되었지만, 불행히도 그 디자인을 보는 대부분의 사람
들은 작은 핵발전소를 떠올리게 되었다. (당시는) 체르노빌 사건으로
인한 재난의 흔적이 가시지 않은 상태였고, 유럽인들은 핵발전소의 위

험에 관해 크게 우려하고 있을 때였다."[13]

토머스 미첼C. Thomas Mitchell의 『혁신적 디자인 사고』에 등장하는 위의 이야기는 새로운 앎의 등장으로 시각적 경험이 어떻게 변화되었는지를 보여주고 있다. 애초에 필립스의 제품은 의미론적 차원에서 음식과 관계하는 사물로 보이도록 디자인되었다. 대상을 보는 방식은 사람들이 알고 있는 내용, 즉 앎, 지식, 믿음의 영향을 받기 때문에 필립스는 의미론적인 차원에서 그 내용을 확인하고, 크로크포트의 이미지를 활용해 전자레인지를 디자인한 것이다.

하지만 보는 방식은 도중에 바뀌었다. 분명 제품을 기획하고 디자인할 때까지만 하더라도 유럽인들의 앎의 내용은 그러한 형상의 자극에 크로크포트나 요리를 떠올리도록 구조화되어 있었다. 그러나 제품의 디자인이 진행되고, 그것의 프로토타입이 만들어질 즈음 발생한 체르노빌 원자력발전소 폭발 사고는 그러한 형상과 연결된 의미의 구조를 해체시켰다. 이제 그 형상은 요리가 아닌 핵발전소, 폐허, 공포 등의 의미망과 연결되었다. 동일한 대상에 대한 새로운 앎이 만들어진 것이다. 매체를 통해 그 사건과 그 사건의 위험을 보고 듣는 것은 경험의 일종이다. 이러한 경험은 새로 형성된 앎을 명확한 것으로 만들었다. 그 앎은 다른 보는 방식을 만들어 내었으며,

애초에 산은 장애물이자
공포의 대상이었다.
알프스도 예외가 아니었다.
하지만 루소 이래로
산을 바라보는 새로운
지각 방식이 출현하면서
알프스는 아름다운 대상으로
경험되기 시작했다.

그 보는 방식은 해당 전자레인지의 디자인을 핵발전소와 관계시켰다. 보는 방식의 변화로 인해 그 제품은 결국 생산되지 못하였다.

　일반적인 앎이나 지식, 혹은 믿음의 내용을 벗어나는 우연한 사건은 새로운 앎을 만들어 낸다. 그것은 주된 흐름에서 빗겨나가는 일종의 탈주선이자 클리나멘clinamen이다. "주어진 관성적인 운동에서 벗어나려는 성분"인 클리나멘은 "기존에 존재하는 것과는 다른 것을 창조하고 생성하는 성분"이다.[14] 역사에는 무수히 많은 클리나멘들이 탈주선을 그리며 새로운 앎을 열어 나갔고, 지금 이 순간에도 그 선을 그리고 있다.

　클리나멘의 움직임은 우연한 사건의 몫일 수도 있지만, 특정한 개인이나 집단의 노력에 의해 만들어질 수도 있다. 1728년, 루소는 『고백록』을 썼다. 이 책에 루소는 자신이 알프스에서 경험한 자연과의 합일체험을 담아 내었다. 그 이전까지 알프스는 장애물이자 공포의 대상이었다. 그 험한 산에서 목숨을 잃거나 다친 이들의 이야기가 공포스럽게 유통되었다. 이러한 앎은 알프스를 두려움의 시선으로 바라보도록 하였다. 하지만 루소는 이러한 시선에서 벗어나 미학적인 시선으로 알프스를 바라보았다. 그 시선 앞에 알프스는 아름다운 자신의 얼굴을 드러내었다. 전통적인 이해방식을 괄호 밖으로 밀어낸 미학적 시선이 감상의 대상으로서 알프스의 풍경을 인식할 수 있게 한 것이다. 이후 루소가 낭만적으로 묘사한 알프스를 같은 시선으로 경험하기 위해 사람들이 몰려들었다. 우리가 등산이라고 부르는 움직임은 바로 이러한 과정을 통해 탄생하였다. 때문에 가라타니 고진은 알피니스트라 불리는 등산가는 문학으로부터 탄생했다고 말하는 것이다.[15]

루소는 새로운 앎과 경험의 클리나멘을 만들어 내었다. 그것이 외부로부터 출현한 것이든, 아니면 내부에 의해 만들어진 것이든 클리나멘적 요소는 기존 앎의 관점에서 보았을 때 이질적인 것이다. 동일성을 유지하려는 내부의 관성적 속성 때문에 그러한 움직임은 처음에 잘 받아들여지지 않는다. 하지만 반복적인 움직임 속에서 탈주선은 다시 익숙해진다. 중요한 점은 새로운 앎이 이러한 이질적인 움직임을 통해, 그리고 이질적인 것과의 만남을 통해 만들어진다는 것이고, 새로운 보는 방식과 경험 역시 그러한 토대 속에서 이루어진다는 것이다.

투시법을 장착한 눈 "모든 이미지는 사물을 보는 시각을 구체화한다."[16]라는 존 버거의 주장은 역사가에게 희망의 메시지다. 왜냐하면 그는 그림과 같은 구체적 이미지를 통해 그 이미지를 만들어 낸 시각체제의 내용이 무엇인지를 역으로 읽어 낼 수 있다고 말하는 것이기 때문이다.

근대 이전의 전통적 산수화나 지도의 경우를 보면 오늘날 우리가 접하는 이미지와 다르다. 근경과 원경이 명확히 구분되어 있지 않거나, 한 화면에 여러 시점이 동시에 자리하는 표현이 나타나기도 한다. 때로는 시간의 흐름에 따른 사건들의 변화 과정을 한 화면에 담아내기도 하고, 지각할 수 없는 정신을 표현하려고 애쓴 흔적도 보인다. 이상하게까지 보이는 이러한 재현물들은 사실 전통적인 시선이 오늘날과 다르게 세계를 바라보았다는 구체적인 증거들이다. 그렇다면 그러한 전통적인 시각체제를 대체한 근대적 시각체제의 정체는 무엇일까?

세계를 바라보는 근대의 눈, 그 시각체제는 한마디로 투시법이었다. 일반적으로 투시법[17]은 3차원의 입체적 공간을 평면에 재현하는 기술로 이해된다. 투시법은 평면에 존재하지 않고 존재할 수도 없는 깊이를 바로 그 평면에 표현해냄으로써 마치 3차원의 실제 공간이 그 평면에 자리하는 것 같은 사실감을 느끼도록 만든다.

미국의 디자인 교육자 제이 더블린Jay Doblin은 투시법을 "시각적 실감을 평면 위에 정확하게 재현하는 방법"[18]이라고 설명한 바 있다. 오늘날 대부분의 사람들은 이 의견에 이견을 보이지 않는다. 사실 투시법을 정확히 따르고 있는 그림 앞에서 우리는 그가 이야기한 사실감을 느낀다. 하지만 모든 시대, 모든 이들이 투시법이 적용된 이미지를 보며 실재 같다는 느낌을 가질 수 있었던 것은 아니다. 투시법이 적용된 이미지에서 멀리 자리하는 대상은 가까이에 자리하는 대상보다 작게 표현되는데, 이를 실제 크기의 차이로 해석하는 이들도 있기 때문이다. 따라서 투시법적으로 표현된 이미지를 보고 공간의 깊이와 사실감을 느끼는 것은 당연한 것이 아니라 오히려 특별한 것이라고 해야 한다.

제이 더블린은 평면에 거리와 깊이를 만들어 냄으로써 실제 대상을 보고 있는 것 같은 느낌을 만들어 내는 데에서만 투시법의 특징을 발견하고 있지는 않다. 그는 실제 대상을 정확하게 재현한다는 점을 투시법의 또 다른 특징으로 지적하고 있다. 과연 그럴까? 이와 관련하여 일본의 미술평론가 이토 도시하루伊藤俊治는 다음과 같은 주장을 한 적이 있다.

"일반적으로 투시법은 대상을 '사실적real'으로 그리는 것을 지향하는 것으로 이해되지만, 여기에서 말하는 사실적이라는 단어는 결코 있는 그대로라는 의미가 아니다. 예를 들어 초기 원근법의 경우, 화가들은 멀리 있는 자연의 전경이 작고 흐릿하고 균형이 무너진 상태로 보이는 이유를 자연이 불완전하기 때문이라고 생각했다. 그러므로 '사실적'으

로 그린다는 것은 불완전하게 보이는 자연과 대상의 부족한 점을 보충
하고 수정하는 것을 의미했다. (……) 따라서 투시법은 '사실적'이라는
의미보다는 '이상적ideal', 즉 이상화의 의미를 지녔다고 말하는 것이 더
나을 것이다."[19]

만일 이토 도시하루의 설명을 받아들인다면, 투시법은 대상을 정확
하게 재현하는 기술이라기보다는 오히려 대상을 정확하게 재현한
것처럼 보이도록 하는 특수한 기술체계라고 해야 할 것이다. 다시
말해, 파노프스키Erwin Panofsky가 지적했던 바와 같이 투시법은 하나의
'상징적 형식'이고, 따라서 객관적인 시각이 아닌 역사적으로 구성된
특수한 시각인 것이다.

투시법은 15세기 이탈리아 화가이자 건축가인 부르넬레스키Filippo
Brunelleschi에 의해 처음 고안된 것으로 알려져 있다. 피렌체의 산 지오
반니San Giovanni 세례당 앞에서 그가 했던 실험은 투시법의 내용과 함
의를 잘 보여 준다.

"부르넬레스키는 광장 중심에 있는 세례당과 마주보고 있는 델 피오
레의 중앙 현관 입구 약간 안쪽에서 세례당의 정면 그림을 매우 정확하
게 사실주의적으로 그린 다음, 그림 속에 묘사된 세례당의 중심축 어딘

가에 구멍을 뚫었다. 그런 다음 실제 세례당을 등지고 돌아서서 그림이 바깥쪽으로 향하게 한 다음 그림 뒤쪽에서 구멍에 눈을 대고, 다른 손에 든 평평한 거울을 그 구멍을 통해 보는 것이다. 이 때 보는 사람은 거울에서 그림이 아니라 마치 실제 세례당을 보고 있는 것과 같은 착각을 불러일으킨다. 그 거울에는 정확하게 그려진 세례당의 그림이 비쳤을 것이고, 뿐만 아니라 아마도 세례당 그림의 가장자리와 세례당 주변 배경들이 이가 맞듯이 서로 선들이 일치했을 것이기 때문이다. 완벽한 리얼리즘의 환영이 성취된 것이다."[20]

소실점은 시각 공간에서 시선의 방향에 평행하게 뿌려지는 선들이 만나는 하나의 점이다. 부르넬레스키가 했던 실험은 "소실점과 보는 사람의 시선이 일치한다는 것을 논증한 것"[21]이었다. 소실점이 보는 사람의 시선과 일치한다는 사실은 중요하다. 왜냐하면 이 사실로부터 어떤 마법이 발생하기 때문이다. 그 마법은 관찰자로 하여금 소실점의 시선으로 대상을 보고 있음에도 불구하고 자신의 시선으로 대상을 바라보고 있다고 인식하게 만든다.

마법의 순간 투시법은 지각의 테크놀로지일 뿐만 아니라 재현의 테크놀로지이다. 재현은 특정한 규칙과 방식에 따라 대상을 번역하는

부르넬레스키의
투시법 실험

「세진행(상)」이라는
백철의 글에 등장하는
안석영의 가로수 그림
동아일보,
1938년 4월 7일

움직임인데, 이 과정에서 대상은 자신의 고유한 모습을 일정 부분 잃어버리거나 변형을 겪을 수밖에 없다. 인상파의 그림 하나를 떠올려 보자. 마네의 그림이어도 좋고, 모네의 그림이어도 좋다. 그것은 하나의 재현이다. 때문에 그들의 그림에서 대상은 있는 그대로의 모습을 드러내기보다, 나름의 재현 논리에 따라 재현된다. 특정 부분이 삭제되기도 하고 과장되기도 하면서 말이다. 만일 동일한 대상에 대한 고전주의적 재현이 있다면 인상파적 재현과 다를 것이다. 고전주의적 재현도 나름의 재현 논리에 따라 대상을 번역해내기 때문이다. 본래의 대상을 있는 그대로 옮겨 놓을 수 없다는 사실, 그래서 대상은 일정 부분 변형될 수밖에 없다는 사실은 모든 재현이 마주할 수밖에 없는 한계이자 조건인 것이다.

투시법적 재현 역시 예외가 아니다. 투시법적 재현은 우리가 흔히 이야기하는 것처럼 대상을 객관적으로 드러내지 않는다. 그것은 대상을 일정한 방향으로 변형하고, 그 방향에 합당한 부분들을 극대화하며, 그렇지 못한 속성들을 은폐한다. 그렇다면 투시법은 무엇을 지향하고 있을까? 무엇보다 투시법적 재현은 근대의 속성을 극대화하는 방향으로 이루어진다. 세계를 계산 가능하고 합리적 질서를 가진 대상으로 이해하면서 말이다. 이러한 이해는 대상이 지닌 질적 차이를 무시하고 균질적인 것으로 변화시키려는 의지와 공존한다.

투시법적 재현은 투시법적 사진이나 그림, 즉 이미지에 한정되지 않는다. 투시법적 이해가 지배하는 곳에서는 공간과 사물, 심지어 제도들 역시 투시법적 방식으로 만들어져 배치되기 때문이다. 이러한 맥락에서 전봇대가 규칙적으로 배열된 공간은 투시법적 재현물이라고 할 수 있다. 가로수가 일정한 간격으로 심어진 신작로 역시 투시법적 재현물이다. 투시법적 재현은 투시법적 시각의 산물이다. 하지만 역으로 투시법적 시각이 투시법적 재현을 통해서 만들어지기도 한다. 신작로가 만들어지고, 가로수와 전봇대가 등장한 역사적 사건이 의미를 가지는 것은 바로 이 지점에서다.

가로수와 전봇대는 대상을 바라보는 전통적 시각을 투시법적 시각으로 변화시킨 중요한 매개체였다. 처음에 이것들이 만들어 내는 투시법적 풍경은 전통적인 시선을 내면화하고 있던 당시 사람들에게 낯선 존재, 즉 의미 없는 얼룩에 가까웠을 것이다. 그렇다면 무엇인지를 알 수 없었던 낯선 얼룩은 어떻게 의미를 가지게 되었을까?

「대사들」이라는 한스 홀바인Hans Holbein의 그림이 있다. 이 그림은 영국 헨리 8세의 이야기를 배경으로 하고 있다. 당시 그는 왕비와 이혼하고 왕비의 시녀였던 엔 볼린과 재혼하고자 했다. 교황청과 유럽의 여러 나라들이 반대하고 나서면서 갈등이 시작되었다. 급기야 헨리 8세는 로마교황청으로부터 영국국교회 분리를 모색하기에 이른다. 그림에 등장하는 이들은 당시 중재를 위해 프랑스와 교황청에서 파견한 대사들이다.

온갖 과학적 성과물들과 항해 도구를 소품삼아 서 있는 그림 속 대사들의 모습은 당당해 보인다. 그런데 그림 하단에 자리한 뭐라고 설명하기 어려운 부분이 문제다. 그것은 일종의 얼룩이다. 그림을 정면에서 바라볼 때 이 얼룩은 자신의 정체를 드러내지 않는다. 그러나 옆에서 비스듬히 그림을 보는 순간 자신의 정체가 해골이었음을 자백하고야 만다. 그 순간, 얼룩이 자신의 정체를 드러내는 바로 그 순간, 시각장 내에 존재하던 모든 것들은 다른 질서 속으로 편입되어 버린다. 마법이 일어나는 것이다.

얼룩이 단순히 얼룩으로 존재하고 있을 때, 「대사들」은 온갖 과학적 성취물들을 사이에 두고 정면을 응시하는 자신감 넘치는 두 대사들을 표현한 그림이었다. 그러나 무의미해 보이던 얼룩이 사실은 해골이라는 것을 알아 버린 이에게 그림의 의미는 다른 것으로 바뀌어 버린다. 과학적 성취물의 대단함이나 인물의 당당함이 아니라, 삶의 유한성, 허무함, 덧없음과 같은 것들을 떠올리게 하기 때문이다. 이렇게 하나의 얼룩은 시각장을 붕괴시켜 의미망 전체를 바꿀 만큼 강력한 잠재력을 가진 존재일 수 있는 것이다.

슬라보예 지젝Slavoj Žižek은 이 얼룩을 "왜상의 지점"으로 표현하였다. 왜상의 지점은 "똑바로 바라보면 그냥 의미 없는 얼룩으로 남아 있지만 정확하게 확정된 측면 원근법lateral perspective으로 보면 갑자기 친숙한 형태의 윤곽을 얻게 되는 요소"22인 것이다. 드러난 윤곽은 부분에 지나지 않는다. 하지만, 그 밖의 다른 요소들과 만나면서 모든 것을 바꾸어 버릴만큼 강력한 파괴력을 가진다. 삶의 공간에는 왜상의 지점이 곳곳에 숨어 있다. 이 왜상의 지점은 자신이 기대하는 방식으로 자신을 바라보는 이들이 출현하기를 조용히 기다린다. 마치 덫을 쳐 놓고 사냥감을 기다리는 사냥꾼처럼 말이다. 그러다가 어느 순간, 누군가가 자신과 눈을 마주치는 바로 그 순간, 이 왜상의 지점은 그를 새로운 세계로 이끄는 것이다.

앨프리드 히치콕Alfred Hitchcock의 1954년 영화인 「이창Rear Window」에는 왜상의 작동방식을 떠올리게 하는 장면이 등장한다. 영화에서 주인공 제프는 병실에 누워서 주변 사람들의 일상을 관찰한다. 지루한 병실 생활을 달래기 위해서 말이다. 그러던 어느날, 제프는 우연히 살인 장면을 목격하게 된다. 그 이전까지 제프는 관찰자였다. 하지만 살인자의 시선과 마주치면서 모든 게 달라졌다. 안전한 자리에서 대상을 바라보는 관찰자의 지위를 유지하지 못하고 사건 속으로 휘말려 버리게 된 것이다.

전봇대와 가로수가 이 땅에 처음 들어서기 시작했을 때, 그것들이

한스 홀바인의
「대사들」

앨프리드 히치콕 감독의
영화 「이창」의 한 장면

연출해내는 투시법적 풍경은 낯선 것이었다. 그것은 일종의 얼룩이었다. 전봇대와 가로수들이 이곳저곳에 등장하면서 얼룩과 마주하는 기회도 따라서 늘어났다. 그리고 어느 순간, 사람들은 「대사들」에서 얼룩이 의미를 가지며 그림의 의미를 바꾸었던 것과 같은 순간을 만났다. 전통적인 시선이 얼룩을 의미 있는 것으로 지각하는 새로운 시선에 자신의 자리를 내주는 순간, 이전까지 지배적이었던 시각장이 붕괴되는 바로 이 순간을 통과하면서 전통적인 주체들은 투시법적 시선에 포획된 것이다.

「이창」에서 자신이 휘말린 사건으로부터 빠져나오려는 주인공 제프의 움직임은 수포로 돌아갔다. 마찬가지로 투시법적 응시에 눈을 마주치고, 그 시각체제에 일단 포획되고 나면 그로부터 빠져나오는 것은 어려운 일이 되어 버린다. 그는 이미 알아 버린 주체이고, 알아 버린 주체가 다시 몰랐던 이전 상태로 돌아가는 것은 불가능하기 때문이다. 혹여 새로운 시각체제가 나타나 그를 또 다시 포획한다면 모르지만 말이다.

명령하는 시선, 통제받는 시선 일정한 단위가 규칙적으로 반복되면서 소실점을 만들어 내는 모습, 혹은 복수의 평행한 직선들이 소실점을 향해 질주하는 모습은 분명 근대의 표정이다. 전통이 지배하던 공간에 새롭게 등장한 전봇대는 바로 그러한 표정을 만들어 내었다. 하지만 전봇대만 그러한 표정을 만들어 내었던 것은 아니다. 신작로를 따라 도열한 가로수들도 그 표정을 만들어 내었고, 대로를 따라 늘어선 도심의 빌딩들도 그 표정을 만들어 내었으며, 온갖 굴곡을 뚫고 만들어진 기찻길 역시 그러한 표정을 만들어 내었다. 심지어 학교에서도 우리는 투시법적인 근대의 표정을 발견할 수 있다.

김홍도의 「서당」이나 엘리자베스 키스Elizabeth Keith의 「서당풍경」이라는 그림을 떠올려 보자. 그림 속 서당의 풍경은 근대 학교의 풍경과 다르다. 키스의 그림에서 학생들은 일정한 방향도 없이 자유롭게 앉아 있다. 학생들의 나이 또한 다양해 보인다. 의복과 헤어스타일도 가지각색이고, 시선의 방향도 제 각각이다. 책을 보는 시선과 옆을 보는 시선, 하늘을 보는 시선이 함께 공존하고 있는 것이다. 그림에 대한 설명에 나타난 바와 같이 그림 속 학생들은 몸을 흔들며 공부했다. 공부를 하다가도 목이 마르면 언제든 물을 마시러 나갔고, 훈장 부인도 공부하는 그 공간을 자유롭게 들락거렸다.

반면 근대 학교에서 학생들은 일정한 간격으로 규칙적으로 배열된 책상에 맞춰 질서정연하게 앉아 있다. 그들의 의복과 머리모양은 동일했고, 시선은 정면을 향하도록 요구받았다. 수업이 이루어지는 시간에 교실 밖을 나가 물을 마시거나 돌아다니는 것은 일체 허락되지 않았다. 정해진 시간에는 정해진 행위를 정해진 방식에 따라 해야 했던 것이다. 교사의 아내/남편이 음식물을 들고 돌아다니는 것은 상상도 할 수 없는 일이다. 거리에 자리하는 전봇대나 가로수들이 일정하게 배치되어 투시법적 풍경을 만들어 내는 것처럼 교실 속 학생들의 몸도 일정하게 배치되어 유사한 풍경을 만들어 내었다. 심지어 교실에서는 게시판에 붙여진 게시물들도 학생들이 자리하는 모습을 반복하였다.

이러한 학교의 풍경은 투시법이 단순히 시각적 재현에만 국한되지 않는다는 사실을 잘 보여준다. 투시법적인 풍경이 만들어지기 위해서는 해당 공간이 매끄러워야 한다. 그곳에 자리하는 것들 역시 매끄러운 형상과 균질함을 가져야 하고, 그리드에 따라 규칙적으로 배치되어야 한다. 중간에 이질적인 형상이나 해당된 위치가 아닌 곳에 자리하는 대상은 투시법적인 풍경을 방해하는 요소일 뿐이다. 투시법적 시선을 내면화한 주체에게 그러한 이탈적인 존재들은 경계의 대상이고 삭제되어야 하는 것이다.

이것은 단순히 사물이나 공간에만 해당되는 이야기가 아니다. 사회로 그 적용 대상이 확대되었을 때, 투시법은 개인들이 어디에 어떠한 방식으로 존재해야 하는지를 지정하는 역할을 한다. 근대 학교에서 투시법이 어떻게 학생들의 자리와 자세를 규정하였는지를 떠

여자중학생들의
마스게임
동아일보,
1935년 10월 7일

투시법적 풍경을
만들어 내기 위해서는
다른 사람들과 동일한
모습으로 자신에게
할당된 특정한 지점에
자리해야 한다.
이것은 투시법이 훈육의
장치로 기능했음을
보여 주는 것이다.

女子中學生의 大마스께임
市內四千五百의 女學生總動…
〔市內某運動場에서〕

올려 보라. 투시법은 일종의 훈육을 위한 도구이며, 그 자체로 권력이다. 투시법은 투시법을 통해 세상을 보도록 할 뿐만 아니라, 투시법을 벗어나는 움직임들을 투시법의 이미지와 겹쳐지도록 강제하는 강력한 권력 장치인 것이다.

조선총독부 시정 2주년 기념엽서는 투시법적 주체가 만들어 낸 것이다. 엽서는 서당의 모습을 근대학교의 모습과 병치시키고 있다. 하지만 그것은 단순한 병치가 아니다. 이 엽서를 만들어 낸 주체는 투시법적 풍경을 따르는 근대 학교의 모습을 통해 서당의 풍경이 무질서하고 비위생적이며 미개한 것이라고 말하고 있기 때문이다.

이러한 대비를 통해 주체는 투시법적 풍경의 우위를, 그리고 그러한 풍경을 가져온 근대의 우월함을 증명하고 싶었을 것이다. 하지만 여전히 전통적 질서 속에 자리하고 있었던 이들에게 이 이미지는 다르게 해석되었을 수도 있다. 왜냐하면 전통적 질서 속에 자리한다는 것은 투시법적인 지각방식을 내면화하지 않았다는 것을 뜻하고, 따라서 근대 학교의 투시법적 풍경은 이상한 것으로 이해될 수 있기 때문이다. 당시만 해도 근대식 학교에 다니는 것에 대한 거부감이 팽배하였다는 사실은 이러한 해석이 무리가 아님을 보여준다. 근대 학교에 대한 부정적인 인식이 본격적으로 변화된 것은 이 이미지가 등장하고 10여 년이 흐른 1920년대 이후의 일이다. 이는 20년대에 이르러 투시법적 지각방식이 본격적으로 확대되었음을 뜻하는 것이기도 하다.

투시법적 시선을 내면화한 주체는 지금까지 살아왔던 삶의 공간을 새로운 시각으로 볼 수밖에 없다. 실제로 그 시각은 이전까지 아무런 문제점을 발견하지 못했던 공간에서 무질서를 발견했다. 이러한 발견은 그것들을 투시법적 시선이 원하는 방식으로 변형하도록 하는 강한 의지로 이어졌다. 그 의지는 일제의 것이기도 했고, 당시 개화된 조선 지식인의 것이기도 했다. 일제강점기 동안 삶의 공간을 변화시키고자 했던 권력의 움직임에는 이러한 의지가 자리하고 있었다. 그 움직임은 투시법적 시각을 내면화하지 못한 보다 많은 이들의 저항과 마주할 수밖에 없었다. 하지만 그러한 저항에도 불구하고 투시법적 지각방식은 확대되어 갔다.

직선의 가로들이 바둑판을 이루는 도시, 그러한 도시를 선망하는 복혜숙의 다음 이야기는 당시 지각방식이 어떻게 변해 가고 있었는지를 잘 보여준다.

"가로수 문제가 났으니 함께 말합니다마는 가로는 거미줄과 같이 원형으로 하는 것이 '모-단'이라고 해서 대련大連같은 도시는 이러한 모양으로 했습니다마는 나는 바둑판처럼, 질서 정연한 일직선의 가로가 좋을

엘리자베스 키스의
「서당풍경」

향상여학교 실습 광경
동아일보,
1935년 1월 1일

조선총독부 시정
2주년 기념엽서

무질서한 서당의
풍경과 근대학교의
질서정연한 모습을
대비시킴으로써
일제는 자신들의
정당성을
확인받고자 했다.

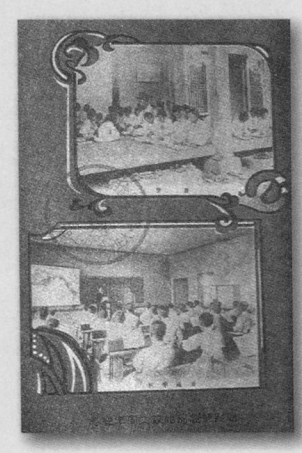

줄로 압니다. 도시의 미美는 직선의 가로에서만이 엿볼 수 있을 것입니다."[23]

일제 강점기를 통과하면서 형성된 투시법적인 시각은 1960년대 이후 근대화의 움직임을 빠르게 진행시킬 수 있었던 배경이 되었다. 60년대 이후의 급속한 근대화가 큰 저항 없이 이루어진 것은 이미 투시법적 시각이 마치 선험적 지도처럼 그 시공간을 살아가던 이들의 의식, 혹은 무의식에 자리하고 있었기 때문이다.

특권을 가진 자리 투시법에서 소실점은 투시법적 시선이 시작되는 지점이자, 그 풍경이 수렴되고 완성되는 지점이다. 소실점의 위치는 풍경을 투시법에 따라 지각할 수 있는 최적의 자리다. 완벽한 투시법적 풍경을 지각할 수 있는 자리, 그 자리는 권력자의 자리다. 권력자는 그곳에서 투시법적 풍경을 감상하고, 동시에 투시법적 풍경을 벗어나는 움직임이 없는지를 감시한다. 근대사회에서 권력자의 자리는 늘 그곳이었다. 이러한 맥락에서 보았을 때 소실점의 위치에 기념비적 건물이나 관청이 자리하는 것은 우연이 아니다. 1927년에 만들어진 조선총독부 건물이 그 자리에 그러한 모습으로 자리하고 있었던 것은 그 자리가 바로 소실점의 자리였기 때문이다.

소실점은 바라보는 지점이기만 한 것이 아니다. 그것은 주체들의 시선을 자신에게로 끌어 모으는 수렴의 자리이기도 하다. 투시법적인 시각체계가 확대되면서 이러한 소실점의 특성을 활용한 광고들이 등장한 것은 어쩌면 자연스러운 현상이라고 해야 할 것이다. 1927년 5월 15일자 『동아일보』에 등장하는 '나쇼나루 기계제품 광고'는 그 하나의 모습을 보여 주고 있다. 광고의 대상인 '석유 발동기'는 소실점의 위치에 자리하고 있다. 광고는 그리드를 투시법적으로 표현함으로써 해당 제품으로 시선을 유도하고 있을 뿐만 아니라 반원형의 아치로 대상을 감싸게 함으로써 제품의 우월함을 드러내고 있다.

이러한 이미지는 이후에도 반복적으로 나타났다. 1960~70년대 정부에서 제작한 계몽성 포스터들을 보면 투시법을 활용한 경우가 많았음을 알 수 있다. 산업화를 통한 근대화가 중요한 화두로 등장하던 이 시기에 과학과 기술은 근대화의 중심 동력으로 이해되었다. 1970년대에 제작된 '과학의 날 기념 포스터'는 그러한 시대정신을 이미지로 구체화하고 있다. "전 국민의 과학화"라는 문구로부터 파생된 선들이 투시법적 공간을 연출하고 있고, 포스터가 이상적으로 이해하는 풍경이 소실점 주변에 사실적으로 배치되어 있다. 근대화를 향한 시대의 강박이 일상 삶을 조직하는 주요한 코드로 자리하고 있었음을 우리는 이 이미지를 통해서 확인할 수 있다.

당시 제작된 가족계획 포스터 역시 같은 표현방식을 따르고 있다. 그리드에 따라 잘 구획된 농지가 투시법적인 공간 이미지를 만들어 내고 있고, 포스터를 만들어 낸 주체가 이상적으로 생각하는 가족의 모습이 소실점의 위치에 자리하고 있다. "둘만 낳아 잘 길러 소득증대 이룩하자"라는 문구는 주체가 가족계획을 부르짖는 이유가 무엇인지를 보여 준다. 이 모든 풍경은 말풍선의 이미지로 감싸여 중앙 하단의 웃는 얼굴로 이어져 있다. 그 아래에 있는 '보건사회부, 대한가족계획협회'는 웃는 얼굴의 이름이면서, 포스터의 내용에 충실히 따라주기를 욕망하는 주체의 이름인 것이다.

소실점은 이처럼 특권적인 자리이고, 이상적인 자리이며, 따라서 구체적인 행위자들이 늘 주목해야 할 지점으로 이해되어 왔다. 권력은 그 자리에 스스로를, 그리고 권력 자신이 욕망하는 풍경들을 배치함으로써 삶의 공간과 삶의 내용을 재구성해내고자 하였다. 투시법적 시선을 가진 권력이 투시법적 풍경들을 만들어 내었고, 투시법적 풍경들은 또 다시 투시법적 시선을 확산시켰다.

투시법적 시각을 내면화한 주체는 가정이라는 내밀한 공간마저 그 체계를 통해 바라보았다. 이러한 과정 속에서 실내의 풍경들 역시 근대적인 도시 공간에서 건물들이 투시법적으로 자리하는 것과

같이 투시법적 형상을 취하게 되었다. 실내의 형상뿐만이 아니다. 그곳에 자리하는 제품이나 가구들 역시 투시법적으로 배치되었다. 부분이 전체의 모습을 무한 반복하는 프랙탈 구조처럼 투시법적 풍경 역시 거시적 차원과 미시적 차원을 가리지 않고 반복 확장되고 있는 것이다. 이것이야말로 근대가 지배하는 공간에 우리가 자리하고 있고, 아직도 우리 삶의 공간이 근대화 과정 중에 있음을 드러내는 증거가 아닐까?

과학의 날 포스터
1970년대

가족계획 포스터
1970년대

3

미인대회

◆

아름다운 몸의 탄생

미학적 경험 아직도 사람들은 봄이면 유채꽃을 보기 위해 제주를 찾는다. 한라산과 현무암 돌담을 배경으로 펼쳐지는 노란 유채꽃의 풍광은 관광객들의 눈을 사로잡기에 충분하다. 관광객들은 길가에 차를 세워 놓고, 노랗게 물든 유채꽃밭에 들어가 드라마나 영화에서 자신들이 본 이미지들을 떠올리며 다양한 포즈를 취한다.

이러한 풍경을 보고 있노라면 유채라는 식물은 제주의 풍광을 보다 매력적으로 만들기 위해 태어난 것처럼 느껴진다. 사실 오늘날 유채는 바로 이런 이유 때문에, 다시 말해 관광객들의 시선을 끌기 위해 재배되고 있다. 하지만 몇 십 년 전까지만 해도 유채는 좁쌀크기의 까만 열매를 얻기 위해 재배되었다. 꽃이 지고 열매가 생겨 어느 정도 성장하면 농부는 유채줄기를 베어 말렸다. 마른 유채줄기들을 한 군데로 옮기는 일은 유채 알갱이를 얻기 위해 몽둥이로 그것들을 털어 내는 일만큼이나 고된 것이었다. 더욱이 유채를 베어 낸 자리에는 날카로운 밑동이 남아 있어서 일을 하다 보면 발은 어느새 상처투성이가 되기 십상이었다.

농부가 유채꽃을 경험하는 것과 관광객이 유채꽃을 경험하는 것 사이에는 근본적인 차이가 있다. 농부에게 유채꽃은 따사로운 햇살 뿐만 아니라 장마의 습함, 상처 입은 발의 욱신거림, 땀 냄새와 퀴퀴한 연기, 짚이 타들어가는 소리들이 스며 있는 공감각적 경험의 대상이다. 반면에 관광객은 아름다움이라는 맥락, 즉 미학적 차원에서 유채꽃을 경험한다. 미학적 차원에서 유채꽃을 경험한다는 것은 유채에 배어 있는 상처, 고통스런 기억, 조바심, 기대 등에 무관심하다는 것이고, 오로지 색과 형상에만 주목한다는 말이다. 바로 그러한 조건에서 노란 유채꽃은 아름다울 수 있는 것이다.

칸트Immanuel Kant는 취미판단의 조건으로 '무관심'을 이야기했다. "모든 관심은 취미판단을 변질시키고 공정성을 잃게 한다."[1]고 주장하면서 말이다. 그가 이야기한 무관심이란 무엇일까? 그것은 대상을 괄호로 묶어 내는 움직임이라 할 수 있다. 괄호로 무엇인가를 묶는다는 것은 대상과 관계하는 사회, 문화, 정치, 기술적 맥락들, 다시 말해 미학적 내용 이외의 것들을 떠올리지 않거나, 마치 존재하지 않는 것처럼 간주하는 것을 말한다. 미학적 경험은 바로 이러한 조건, 즉 실제 맥락으로부터 대상을 분리하여 감상의 대상이라는 지점에 위치시킬 때 발생한다.

현대인들은 미학적 차원에서 몸을 지각하고 경험한다. '얼짱'과 '몸짱', 'S라인'과 '성형', '복근'과 '탱탱함' 같은 표현들을 거치지 않고는 일상에서 몸에 대한 대화가 어려울 지경이다. 몸을 미학적으로 경험한다는 것은 관광객이 유채꽃을 경험하는 것과 같은 방식으로 지각하고 이해한다는 의미다. 그것은 한 개인의 인간으로서 가치나 고유함은 물론이고 생각과 믿음, 기억과 경험들을 배제한 지점, 즉 그것들을 모두 괄호 밖으로 밀어낸 다음에야 경험될 수 있기 때문이다. 몸이 자리하는 실제 맥락을 괄호 밖으로 밀어낸 후 남는 것은 형상과 비례라는 조형적 요소들이고, 미학적 차원에서 몸을 지각한다는 것은 이러한 요소들에 주목한다는 의미인 것이다.

그런데 몸을 조형적 차원에서 바라보는 경험방식, 특히 지금처럼 미학적으로 몸을 보려는 의지는 본래부터 존재하던 것이 아니다. 전통 사회에서 몸은 전일체로 이해되었다. 삼국시대에 형성되어 오랜 기간 동안 당연한 것으로 받아들여졌던 '영육일치사상靈肉一致思想'은 그러한 이해가 어떤 것인지를 잘 보여 준다. 그것은 기본적으로 몸과 마음이 하나라는 믿음이었다. 몸은 마음을 드러내는 스크린이면서 동시에 마음에 영향을 미치는 무엇이었다. 때문에 바람직한 마음의 상태는 몸의 수련과 관리를 통해 얻어지는 것으로 이해되었다. 이러한 이해의 공간에서 아름다움은 단순히 조형이라는 시각적 차원의 문제일 수만은 없었다. 그것은 몸과 마음, 더 나아가 지덕체가 조화롭게 합일된 상태를 의미했다.

그렇다면 몸 그 자체에 대한 관심은 어떻게 증폭된 것일까? 언제부터 몸은 정신으로부터 소외된채 조형적 맥락에서 주목되기 시작한 것일까? 무엇보다 현대인들이 '아름답다'라고 판단하는 몸의 이미지는 어떻게 만들어지고 확산된 것일까?

섹슈얼리티의 대상이 된 제2의 피부 근대의 위생담론과 의학담론은
건강에 대한 관심을 불러일으켰다. 건강에 대한 관심은 자연스럽게
몸이 관계하는 의식주 전체에 대한 관심으로 이어졌다. 건강한 몸을
만들기 위해서는 생활환경을 개선해야 했기 때문이었다.

이 과정에 전통 의복인 한복 역시 개선을 강요받았다. 특히 여성
들의 한복이 주된 관심의 대상이었다. 한복 치마의 경우 윗부분에 연
결된 띠를 가슴 부위에 동여매는 방식으로 입게 되는데, 이러한 한복
의 특성을 근대의 시선은 건강을 해치는 것으로 이해하였다.[2] 띠가
몸을 압박하여 내부 신체기관의 자연스러운 움직임을 방해한다는
이유에서였다. 치마 길이도 위생을 이유로 변화를 요구받았다. 당시
만 해도 대부분의 도로는 포장이 안 된 상태였다. 따라서 긴치마를
입고 그러한 길을 오가다 보면 먼지가 묻기 십상이었다. 특히 비가
오는 날이면 치마 끝부분은 진흙투성이가 되어 버렸다. 치마 길이를
줄이면 문제는 쉽게 해결되겠지만, 몸을 드러내지 않는 것을 미덕으
로 삼았던 전통의 자기장은 그것을 허락하지 않았다.

변화는 선교사들이 세운 근대학교에서부터 시작되었다. 19세기
가 저물어 갈 무렵 이 땅을 찾은 일군의 선교사들에 의해 학교들이

세워졌다. 그중에는 이화학당처럼 여학생들만을 대상으로 하는 학교도 있었다. 여학교의 교사들은 전통의 자기장 속에서 생활하고 있던 조선의 여성들을 측은한 눈으로 바라보았다. 굳이 어렵고 고통스러운 삶의 방식을 고집하는 모습을 그들은 쉽게 이해할 수 없었다. 의복문화는 그중 하나였다. 특히 가슴부위를 동여매면서 입는 긴 한복 치마는 선교사들이 보기에 불합리하고, 불편하며, 비위생적인 것이었다.

하지만 정작 그러한 한복을 입었던 조선의 여인들은 가슴부위를 동여매면서 입는 방식도, 쉽게 더러워지는 흰 옷도, 심지어 매일같이 반복되는 빨래와 다듬이질마저도 불편하거나 불합리하다고 생각하지 않았다. 그것은 너무도 당연하고 자연스러운 것이어서 지각되지 않았다. 마치 우리가 일상생활에서 중력의 힘을 의식하지 않고 사는 것처럼 말이다.

이 땅의 여성들이 자신이 입고 있는 한복이 불편하고, 비위생적이며, 불합리한 것이라고 인식하기 시작한 것은 외부를 마주하면서부터였다. 영화나 신문 등을 통해 비춰지는 낯선 서구인들의 모습이 바로 그러한 외부였다. 당시 소수의 개화된 이들이나 다양한 매체를 통해 확산되던 근대 담론도 역시 외부의 일종이었다. 선교사들은 그 외부를 선교와 교육의 이름으로 이식시키고자 하였다.

낯선 서구의 풍경과
삶의 모습을 담은 영화는
전통에 물든 이들에게
자신들의 삶을
새롭게 보도록 하였다.

여학생들은 선교사들의 가르침에 따라 짧고 진한 색의 치마를 입었다. 여학생들이 입었던 치마에는 가슴 띠 대신 어깨끈이 달려 있었다. 치마에 어깨끈이 달리면서 저고리의 길이는 자연스럽게 길어졌다. 얼굴을 가리던 장옷 대신 양산을 쓰고 다녔고, 버선과 꽃신 대신 양말과 구두를 신고 다녔다.[3] 이러한 새로운 스타일의 의상은 교복이라는 이름을 부여받았다. 교복이라는 이름은 이전의 모습으로 되돌리려는 전통의 힘으로부터 그러한 의복 스타일을 보호하는 역할을 하였다.

1910년대만 하더라도 학생 모집이 어려웠던 근대학교는 1920년대에 들어서면서 학생 수가 급속히 증가하였다. 여학생 수도 따라서 늘어났다.[4] 이러한 변화는 사회적 인식의 변화에 기인한다. 20년대에 접어들면서 근대의 유입 속도는 빨라졌고, 그 영향력도 크게 증가하였다. 그 움직임 속에서 여학생은 시대를 앞서 가는 신여성으로 이해되었고, 그들의 스타일 역시 긍정적인 것으로 받아들여졌다. 따라서 여학생들의 스타일을 모방하려는 움직임이 나타난 것은 어쩌면 자연스러운 현상이었다. 스타일의 소비야말로 소속되기를 욕망하는 집단에 소속된 것처럼 보일 수 있는 가장 빠른 길이었기 때문이다.

기생들은 여학생의 스타일을 가장 적극적으로 소비했던 주체였다. 관기제도가 폐지된 이후, 사회 내에서 섹슈얼리티를 매개로 생존하던 이들은 사회의 변화를 예민하게 간파하면서 유행을 선도해 나갔다.

하지만 이들을 바라보는 사회의 시선은 차가웠다. 1923년 12월 17일자 『동아일보』의 「동아만화」에는 당시 여학생의 스타일, 그 스타일을 모방하는 기생들의 몸짓, 그리고 그들을 바라보는 사회의 차가운 시선이 고스란히 담겨져 있다. 두 명의 여학생이 걸어가고 있다. 그 뒤로 그들과 차림이 같은 기생이 양산을 쓰고 걸어가면서 묻는다. "나도 여학생 같지?" 아마 이것은 기생 자신이 스스로에게 던지는 물음이었을 것이다. 만일 그것이 아니라면, 자신을 바라보는 사회적 시선을 향해 긍정적인 답을 기대하며 던지는 물음이었을 수도 있다. 하지만 그림을 그린 주체의 답은 차갑다. "같기는 같다." 이 말에는 무시와 냉담이 가득하다. 치마에 표현된 것처럼 이미 그녀는 탕녀蕩女, 즉 음탕한 여자로 호명되고 있다.

기생을 바라보는 이러한 시선이 당시에 일반적인 것이었는지, 아니면 특별한 것이었는지는 명확치 않다. 그럼에도 불구하고 보수적인 태도를 가지고 있었던 이들에게는 어느 정도 공유된 시선이었다고 해야 할 것이다. 그들은 여학생의 스타일을 모방하는 기생들의 움직임을 여학생의 순수함을 오염시키는 불순한 행위로 이해하였다. 만화를 그린 주체 역시 그러한 사람들 중 하나였을 것이다. 그들은 여성을 순수한 신여성과 화류계 여성으로 구분하고, 전자를 후자

동아만화 「같기는 같다」
동아일보,
1923년 12월 17일

안석영의 만문만화
조선일보,
1930년 1월 12일

로부터 보호해야 한다고 믿었다. 이러한 믿음이 때로는 존재하지 않는 탕녀를 만들어 내기도 했다. 타자를 통해 동일자를 구성해내는 것이야 말로 권력이 즐겨 쓰는 방법이 아니었던가? 어쩌면 앞의 만화는 이러한 권력 의지가 만들어 내었다고 해야 할 것이다. 만화에서 근대의 가면을 쓴 가부장적인 시선의 경계심이 느껴지는 것은 바로 이 때문이다.

모방의 움직임에 대한 비판적 목소리에도 불구하고 짧은 치마와 긴 저고리의 의복, 그리고 구두와 양산은 빠르게 확산되어 나갔다. 기생들뿐만 아니라 많은 젊은 여성들이 그러한 스타일의 소비 대열에 합류한 것이다. 무엇이 이러한 급속한 변화를 만들어 낸 것일까? 어떤 이들은 근대 과학담론이 성공적으로 이식되었기 때문이라고 성급히 말할 것이다. 즉, 여성들이 합리성을 받아들여 전통 한복의 불편함과 불합리함, 그리고 비위생성을 깨닫게 되었다고 말이다. 하지만 이러한 이유 때문에 빠른 변화가 나타났다고 보기에는 변화가 패션에 집중되었고, 그 양상 역시 복잡 미묘하다. 이 지점에서 우리는 패션이 사회학의 영역이면서 동시에 심리학의 영역이라는 사실을 떠올려야 한다. 다시 말해 허영과 과시, 부러움과 상실감과 같은 미묘한 심리들과 그것들의 상호작용에 주목해야 한다는 말이다.

처음 등장할 때만 해도 이상한 것으로 인식되었던 여학생들의 교복 스타일을 기생들은 섹슈얼리티 때문에 주목하였다. 치마나 저고리의 길이와 색상, 구두, 머리모양, 양산과 같은 소품이 섹슈얼리티와 관계한다는 것을 기생들은 본능적으로 알아차렸다. 그들의 모방 소비를 출발점으로 여성들의 의복 스타일은 유행의 맥락에 자리하게 되었다. 더욱이 영화와 같은 매체의 영향으로 서양의복에 대한 관심이 확대되면서 유행의 매개물로서 의복의 역할은 더욱 강화되었다. 몸이 말하고, 옷이 표현하는 시대가 열린 것이다.

아가씨 다리들이여 꼿꼿하고 날쌔시라! 1930년 경 저고리의 길이는 배꼽까지 내려왔다. 치마길이도 무릎을 기준으로 오르내렸다. 이러한 현상에 대해 당시 매체들은 더 짧아야 한다는 둥, 더 길어야 한다는 둥, 짧으면 보기가 흉하다는 둥 말이 많았다.[5] 이러한 이야기들이 유통된다는 사실 자체가 이미 심상치 않은 변화였다고 할 수 있다.

치마가 짧아지면 다리가 자연스럽게 드러날 수밖에 없다. 드러난 여성의 다리는 사회적 관심의 대상이 되었다. 1930년 1월 12일자 『조선일보』에 게재된 안석영의 만문만화는 당시 여성들의 다리에 대한 사회적 관심, 특히 남성들의 관심이 어느 정도였는지 잘 보여 주고 있다.

"여자의 다리는 더욱더 사나이의 눈을 끌기에 너무도 아름다워진다. 그래서 지금에는 얼굴보다도 그 다리가 정을 끌고 야릇한 충동을 준다. 그러기에 만약 '여성 프로파간다 시대가 오면' 다른 곳보다도 그 다리를 광고판 대신 쓸 것 같다."[6]

가시성의 장으로 들어온 여성의 다리는 곧바로 미적 판단의 대상이 되었다. 1932년, 여학생들의 치마 길이를 길게 하는 것이 좋은지, 짧게 하는 것이 좋은지에 대한 설문기사가 『삼천리』에 실렸다. 기사에서 김원주라는 문인은 치마가 무릎 이상으로 올라가는 것을 반대했다. 그런데 그 이유가 흥미롭다. 그는 곡선미가 없는 다리를 반대의 이유로 들고 있다. 즉, 서양 여성들은 다리가 잘 발육되어 아름다운 데 반해 조선 여성들의 다리는 그렇지 못하다는 것이다. 경성여자보배학교장 최진순 역시 조선여자들의 무릎이 아름답지 못하다는 이유에서 치마 길이가 짧아지는 것에 반대하였다.[7]

조선 여성의 다리를 부정적으로 보는 시선은 그 이유를 분석하는 데까지 이른다. 1931년 9월 29일자 『동아일보』의 「규중의 조선여성은 각선미가 왜 없노」라는 기사가 바로 그러한 기사다. 기사는 조선 사람들 중 각선미를 가진 사람이 없는 첫째 이유를 흰밥에서 찾고 있다. 흰밥을 먹기 때문에 골격 발육에 필요한 영양이 결핍되기 쉽다는 것이다. 각선미가 없는 두 번째 이유를 화자는 앉아 지내는 습관 때문이라고 지적한다. 이러한 습관으로 인해 다리뼈의 발육이 정상적이지 못하고, 따라서 다리가 아름답지 못하다는 것이다.[8]

기사의 화자가 다름을 인식하는 태도와 그 원인을 이야기하는 방식에는 오리엔탈리즘적 시선이 배어 있다. 화자는 그것을 과학적 지식이라는 그럴듯한 양념을 매개로 정당화하고 있다. 기사는 이제 여성의 다리가 아름답게 관리되어야 하는 대상이 되었음을 보여 주고 있다. 더불어 그 관리의 방향이 어디를 향해야 하는지도 암시하고 있다. 그렇다면 화자가 떠올렸던 아름다운 다리란 어떤 모습일까?

1929년 4월 25일자 『조선일보』에는 「미는 다리에도, 다리의 미용술: 이 사진과 같이 한번 시험해 보십시오」라는 기사가 등장한다. 화자는 "얼굴 다음으로 제일 많이 (눈에) 띄게 되는 것은 다리입니다. 다리는 너무 살이 쪄도 못쓰고 너무 말라도 못씁니다. 구부러진 것이야 말로 안 되지요."[9]라고 지적하면서, 아름다운 다리를 만들기 위한 구체적인 방법을 제시하고 있다. 화자가 제시하는 다리 미용술은 특별하고 대단한 것이 아니다. 내용을 들여다보면 요즘 주위에서 흔히 볼 수 있는 간단한 다리운동에 가깝다.

1934년 9월 14일자 『조선중앙일보』의 「걷기 좋은 가을! 아가씨 다리들이여 꼿꼿하고 날쌔시라」라는 기사도 "각선미를 창조하

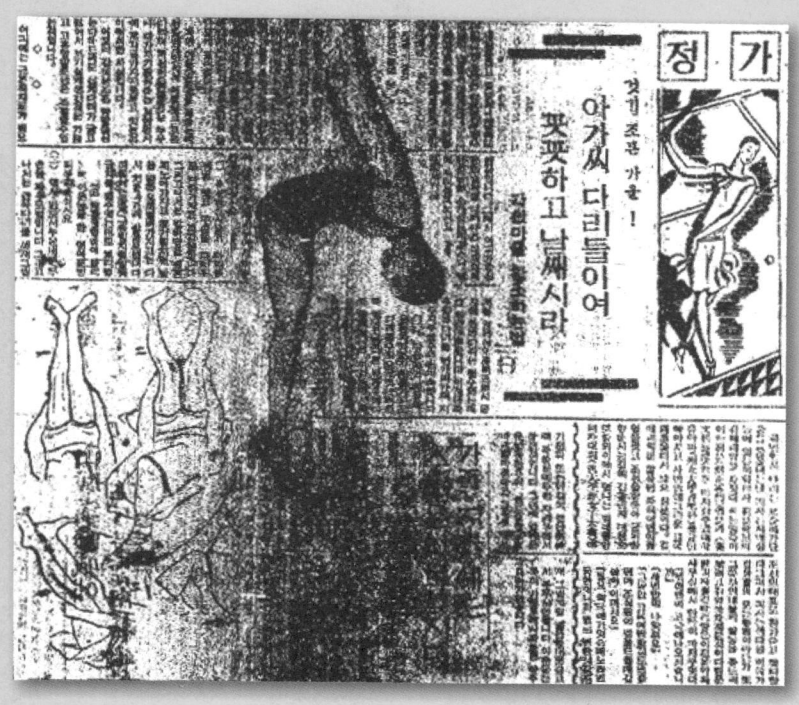

각선미에 대한 관심 속에서
운동은 아름다운 몸을
만들어 내기 위한 수단으로
받아들여졌다.

는 법"이라는 이름으로 다리 운동 방법을 자세히 소개하고 있다.[10] 1938년 1월 28일자 『동아일보』에도 「곡선미를 내는 체조이니 한번 시험해 보십시오」라는 제목으로 운동하는 여성의 이미지를 싣고 있다. 20세기 초만 해도 운동은 건강을 위해 장려되었다. 그러던 것이 1920년대를 넘어서면서 아름다운 몸을 만들기 위한 구체적인 방법으로 주목받기 시작하였다.

1940년 4월 19일자 『조선일보』에는 「아름다운 각선미: 쇼트 스커트가 유행되어 결점이 눈에 띄기 쉬워요」라는 기사가 등장한다. 기사는 전차나 버스 속, 또는 정거장 대합실에서 다리 포즈에 무관심한 양장 입은 여성들이 있음을 지적하면서, 바람직한 포즈가 어떤 것인지에 대해 이야기하고 있다. 다리의 모양만이 아니라, 그 다리가 드러나는 방식과 자세, 움직임도 사회적 관심의 대상이 된 것이다. 이는 1940년을 전후로 여성의 몸을 바라보는 시선의 격자가 보다 촘촘해졌다는 사실, 그리고 여성의 몸을 주시하는 감시의 시선이 상시적으로 작동하고 있었음을 보여 주는 것이다. 바로 이러한 담론의 유통 속에서 여성스러운 몸과 몸짓의 전형들이 만들어진 것이다.

여기서 또 하나 주목할 부분은 '각선미'라는 용어다. 각선미는 다리 곡선의 아름다움을 뜻하는 용어로, 1920년대에 나타나기 시작하였다. 그 시기가 여성들의 치마 길이가 짧아지는 시점과 겹쳐지는 것

몸의 형상뿐만 아니라
드러내는 자세 역시
관심의 대상으로
등장하면서
여성의 몸은 상시적
감시의 대상이 되었다.

이러한 영화를 보면서
당시 사람들은
매력적인 몸의 형상이
어떤 것인지, 그리고
일상의 다양한 상황에서
취해야 하는 적합한
몸짓들은 어떤
것인지를 익혀 나갔다.

「아름다운 포오즈 연구」
　동아일보,
　1959년 3월 17일

불란서 영화 「도도」
　동아일보,
　1934년 12월 31일

「1931년식
모던 스타킹!」
동아일보,
1931년 1월 15일

「각선미를
얻기 위하여」
동아일보,
1932년 3월 26일

「미쓰 1936년, 키 적은
유선형의 퀴그레양」
동아일보,
1935년 4월 11일

은 우연이 아니다. 1920년대만 하더라도 이 용어는 낯선 것이었다. 그것이 본격적으로 이야기되기 시작한 것은 1930년대에 이르러서였다. 1931년 1월 15일자 『동아일보』에 등장한 「1931년식 모던 스타킹」이라는 기사는 각선미에 대한 당시의 관심이 어떤 것이었는지를 보여 주고 있다.[11] 기사에 등장하는 이미지는 스타킹의 디자인을 보여주기 위한 목적으로 미국에서 제작된 것으로 보인다. 이미지를 설명하는 글은 스타킹의 디자인에 대해 차례로 설명을 이어 나간다. 그런데 "1931년은 단연 각선미의 시대라고 할까 봅니다."라는 마지막 문장은 스타킹의 디자인을 이야기하던 글의 맥락에서 벗어나 다리 형상을 주목하고 있다. 어쩌면 이 문장이야말로 스타킹의 디자인에 대한 이전까지의 이야기가 단지 과정이었음을, 그래서 다리에 대한 당시의 증폭된 관심과 욕망에 화답하는 것이 기사의 최종 목적지였음을 보여 주는 것이라 할 수 있다.

1932년 3월 26일자 『동아일보』 「각선미를 위하야」라는 제목의 기사는 보다 직접적으로 각선미를 다루고 있다. 사진에서 두 명의 서구 여성은 태양등이라는 기구를 다리에 비추고 있다. "건강한 각선미를 얻고자 모던 부인들이 태양등 요법을 쓰는 그림입니다."[12]라는 설명을 통해 화자는 태양등이라는 낯선 도구를 자연스럽게 사용하는 서양 여인들의 모습을 중립적인 입장에서 소개하는 태도를 취하고 있다. 하지만 기사는 다리가 각선미를 위해 관리되어야 하는 대상이라는 사실, 더 나아가 그것을 관리하는 이들이 바로 당시 선망의 대상이었던 모던 부인이라는 사실까지를 드러내고 있다. 이는 모던 부인이 되고자 하는 이들은 다리를 서양 여인들의 그것처럼 관리해야 한다는 이해로 발전했다.

1930년대는 유선형이 세계적으로 유행했던 시기였다. 본래 유선형은 비행기나 기차와 같이 속도와 관계된 사물에 적용되었다. 하지만 유행과 함께 유선형은 연필깎이와 같이 속도와 무관한 사물에까지 적용되었다. 심지어 생활방식과 사고방식 역시도 유선형이어야 한다는 주장이 나타나기도 했다.

1935년 4월 11일자 『동아일보』에는 「미쓰 1936년. 키 적은 유선형의 퀴그레양」이라는 기사가 등장한다. 기사는 '미스 1936년'의 후보를 소개하면서 미인의 특징을 유선형에서 찾고 있다. 그림에 나타난 퀴그레양이 미인인 것은 그녀가 유선형의 몸매를 갖고 있기 때문이다. 유선형 몸매란 지금의 표현으로 하면 'S라인 몸매' 정도가 될 것이다. 유선형의 유행 속에서 여성의 몸을 유선형의 맥락에서 지각하는 것은 어쩌면 자연스러운 움직임이었다고 할 수 있다. 유선형 담론은 여성의 다리만이 아니라, 몸 전체를 새롭게 보는 계기가 되었다. 물론 여기에는 몸을 미학적 차원에서 주목하게 하는 물질적, 혹

은 비물질적 장치들의 등장이 중요한 배경으로 자리했다. 미인대회
야말로 그 대표적인 장치였다고 할 수 있다.

미인투표 1935년 11월 7일자 『동아일보』에는 「내가 이상하는 표정,
이것이 전형적인 양키걸?」이라는 기사가 등장한다. 뉴욕에 사는 6명
의 화가가 자신들이 이상적으로 생각하는 여성의 모습을 그린 그림
을 당시 사람들은 어떻게 받아들였을까? 미인의 얼굴은 둥근 편이어
야 하고, 눈은 가늘고 길어야 하며, 몸은 야위지 않아야 한다고 믿고
있었던 이들에게 큰 눈과 짧은 헤어스타일, 야윈 얼굴, 그리고 그들
의 이상야릇한 표정들은 분명 익숙한 모습은 아니었을 것이다. 제목
에 붙은 의문부호(?)는 수긍하기 어려움을 드러내는 징후처럼 보인
다. 그러나 기사가 등장한 1930년대 중반은 몸에 대한 근대 권력이
이미 활발하게 작동하던 시기였고, 따라서 의문 부호를 걷어내는 데
는 그리 오랜 시간이 걸리지 않았다.

　몸에 대한 지각방식이 변했음을 알리는 가장 대표적인 행사는 미
인대회였다. 이미 1920년대부터 서구 미인은 물론, 미인대회에 관련
한 기사들이 신문에 등장했다. 1927년 8월 6일자 『동아일보』는 「만
국미인대회 일등 도모시 뿌리트양」이라는 기사를 사진과 함께 싣고
있다. 기사는 만국미인대회가 많은 미인들의 참여 속에 개최되었고,

그중 뉴욕의 도모시 뿌리트 양이 일등을 했다는 내용을 담고 있다.

이후에도 미인대회에 대한 소식은 계속해서 등장했다. 대부분 우승자의 얼굴과 함께 내용을 소개하는 형식이었지만, 그러한 형식을 벗어난 기사들도 있었다. 1936년 6월 7일자 『조선중앙일보』에 등장한 「누가 제일가는 미인일까, 허리를 재고 빛깔을 심사」라는 기사는 그 한 예라고 할 수 있다. 이 기사는 몸을 측정하고 평가하는 모습을 이례적으로 소개하고 있다.

미인대회는 미인으로 인정받고 싶다는 욕망과 미인이 되고 싶다는 욕망이 끓어올라야만 존재할 수 있는 제도다. 미인대회는 존재그 자체로 그러한 욕망을 또 다시 확산시키고 강화시킨다. 때문에 미인대회라는 현상은 이미 미인에 대한 사회적 욕망이 들끓고 있고, 그러한 욕망과의 증폭적 상호작용, 즉 욕망이 미인대회를 지탱하고, 미인대회가 욕망을 생산하는 일종의 순환 구조가 자리 잡았음을 뜻하는 것이다.

미인대회는 또한 아름다움이 객관적으로 계량화될 수 있고, 따라서 측정 가능하다는 믿음 위에서 존재할 수 있다. 이러한 믿음이 있어야만 아름다운 신체에 대한 하나의 기준을 마련할 수 있고, 그 기준을 통해 대상자들을 측정하고 평가할 수 있으며, 그들을 서열화의 공간에 배치할 수 있기 때문이다.

「내가 이상하는 표정,
이것이 전형적인 양키걸?」
동아일보,
1935년 11월 7일

누가 곡선미에 일등을 할것인가

「누가 곡선미에서
1등을 할 것인가」
동아일보,
1937년 6월 30일

1937년 7월 21일자 『동아일보』가 소개하고 있는 '미인을 측정하는 기계'는 미인대회의 내용과 구조를 가시적으로 보여 주는 것이라고 할 수 있다. 미스 캘리포니아를 선정하는 미인대회에서 사용된 이 기계를 기사는 단순히 측정을 위한 도구처럼 묘사하고 있다. 하지만 이 기계는 존재한다는 사실만으로도 측정 도구라는 차원을 넘어선다. 왜냐하면 미인임을 확인받고 싶어 하는 이들은 물론이고, 미인이 되려는 이들 역시도 그것이 제시하는 기준을 따라야만 하기 때문이다.

기준이라는 것은 언제나 "인정받고 싶으면 나를 통과하라!"라고 외친다. 미인을 측정하는 기계가 기준으로 자리하는 순간 미인대회에 참가한 여성들은 다음 두 가지 영역 중 하나에 배치될 수밖에 없다. 기준을 통과할 수 있는 여성들과 통과하지 못하는 여성들! 그것은 다른 말로 하면 '미인'과 '미인이 아닌 이들'이다. 미인이 아닌 이들이 미인으로 인정받기 위해서는 기준에 따라 몸의 형상을 바꾸어야 한다.

1937년 7월 1일자 『동아일보』에 소개된 「곡선미를 내는 기계」[13]는 기준을 맞추기 위해 무엇을 해야 하는지를 보여주고 있다. 여분의 것은 깎아 내고 모자란 부분은 채워 넣는 움직임이 바로 그것이다. 그 의지가 극대화될 때 성형수술의 움직임마저 자연스러운 것이 된다. 이 기계들의 무의식, 성형수술의 무의식, 더 나아가 미인대회의 무의식은 산을 깎아 내고 골짜기를 메우는 기찻길의 그것과 닮았다. 아름다운 몸을 성취하기 위해 신체에 가하는 폭력과 속도를 위해 대지에 가하는 폭력 사이의 유사함은 이 둘이 '근대'라는 하나의 기원으로부터 유래한 것임을 드러낸다.

매체를 통해 소개되던 서구의 미인대회는 1920년대 중반부터 국내에 도입되었다. 하지만 초기 미인대회는 독립적인 행사보다는 주로 특정 행사의 부수적 이벤트나 다른 목적을 위해 실시되었다. '미인투표'라는 이름으로 말이다.

1926년 1월 28일자 『동아일보』에 등장한 미인투표 기사는 당시의 상황을 잘 보여주고 있다. 기사는 『동아일보』 성진(함경북도)지국에서 성진, 길주, 명천군 내 화류계 미인들을 대상으로 미인투표를 한다고 밝히고 있다.[14] 목적은 신문에 대한 독자들의 관심을 불러 모으기 위함이었다. 일종의 판촉행사였던 셈이다. 지금이라면 도덕적 비판의 대상이었겠지만 당시에는 이러한 행사가 빈번하게 이루어졌다. 같은 해 9월 14일자 『동아일보』에도 물산품평회의 부수 행사로 치러진 미인투표에 대한 기사가 등장한다.[15] 월간 잡지 『삼천리』도 1931년에 사진을 통한 미인대회를 개최하였다. 1940년에는 『모던니쁜』이라는 잡지 주최로 '미스조선'이 선발되기도 하였다.

투표라는 이름에서 알 수 있듯이, 초기에 미인은 명확한 기준에

「미인을 측정하는 기계」
동아일보,
1937년 7월 21일

「곡선미를 내는 기계」
동아일보,
1937년 7월 1일

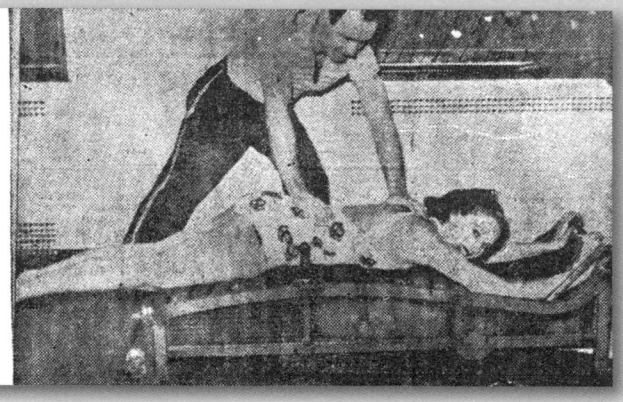

「미인외과수술」
중외일보,
1928년 5월 12일

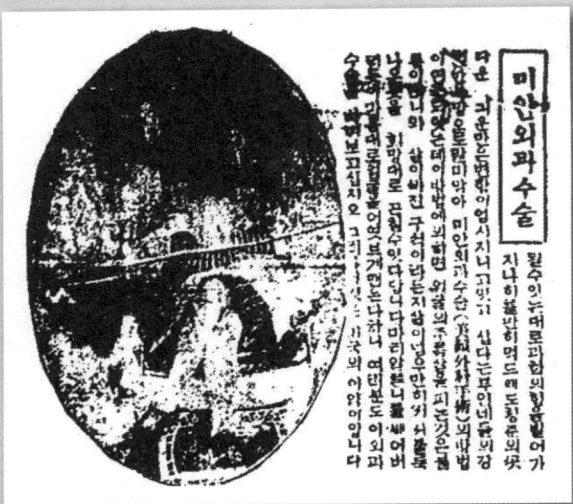

미인외과 수술은
성형수술을 의미한다.
이미 20세기 초에
성형수술에 대한
담론이 매체를 통해
유통되고 있었다.

의해서가 아니라 일반인들의 선호에 의해 선정되었다. 하지만 미인대회는 존재 그 자체만으로도 개인들에게 특정한 미인의 이미지를 떠올리게 하고, 그것을 경쟁의 장에서 유통시키며, 궁극적으로는 단일한 미인의 이미지를 만들어 내고야 만다. 당시 미인대회도 마찬가지였다. 더욱이 모든 판단의 핵심 기준으로 서구가 자리하던 시공간에서 그 방향은 빠르게 서구미인의 모습으로 정리되어 갔다. 미인대회를 통해 추구된 미인의 이미지가 뚜렷한 이목구비와 갸름한 몸매를 가지고 있는 여성이었다는 사실은 서구 미인의 이미지가 판단의 기준으로 투영되었다는 것을 보여 주는 대목이다.

미인대회는 단순히 미인을 뽑는다는 의미를 넘어선다. 왜냐하면 몸을 미학적 판단의 대상, 즉 형태와 비례와 같은 조형적인 것으로 바라보는 인식을 확산시키는 역할도 했기 때문이다. 1935년 5월 2일자 『동아일보』에는 「요조숙녀도 옛날 일: 미인이 되자면 허리부터」 「허리를 잘 발달하게 할 것: 요선미는 건강미」라는 제목의 기사가 등장한다. 기사는 몸과 마음의 조화로움에서 오는 자태가 아닌, 몸 그 자체의 형상인 몸매로 사람들의 관심이 이동하고 있음을 이야기하고 있다. 자태가 아닌 몸매로 인식될 때, 몸은 미학적으로 측정되고 평가할 수 있는 대상이 되어 버린다.

미인대회는 제도로서 존재할 때보다 일상 주체들의 내면에 자리

잡을 때 더욱 무서운 힘을 발휘한다. 내면화된 미인대회는 특정한 날, 특정인들을 대상으로 펼쳐지는 것이 아니다. 그것은 비교의 대상이 등장할 때마다 매순간 주체의 내면에서 펼쳐진다. 중요한 것은 언제나 본인 자신이 그 무대에 참가자로 등장한다는 사실이다. 그곳에서 그는 비교대상과 자신을 비교하고 또 비교한다. 내면에서 벌어지는 미인대회를 통해 스스로의 부족한 부분이 확인될 때 일상의 주체는 견딜 수가 없다. 근대 권력이 이 메커니즘을 모를 리가 없다.

> "세계 미인을 모아놓고 그들의 미를 자본으로 하여 살아가는 헐리우드
> 에서는 당연히 미용과 화장에 대한 관심이 민감하며 살 질을 곱게 하고
> 피부를 아름답게 하도록 제각기 늘 연구하여 어떠한 사람이든지 어떤
> 것이 좋다고 한번 말을 내면 우하고 일제히 따르는 것이 보통입니다.
> (……) 헐리우드 스타들이 가장 싫어하는 것은 뚱뚱해지는 것입니다.
> 아무리 육체미의 세상이라도 필요 이상으로 살만 찌는 것은 미에 대한
> 치명상으로 여기고 있습니다."[16]

「여위고 싶은 이는 석류물을 잡수시오. 지금 헐리우드에서 대유행」 이라는 위 글의 제목은 다소 선정적으로 느껴진다. 기사는 당시 대중화되기 시작한 영화 속 할리우드 스타들을 미인으로 규정하고 있

다. 뚱뚱함이야말로 할리우드의 미인들이 가장 싫어하는 것이라는 화자의 이야기는 얼핏 있는 그대로의 사실을 중립적으로 묘사하는 것처럼 보인다. 하지만 기사는 글을 읽는 독자로 하여금 스스로를 바라보도록 만들고 있다. 그리고는 부드러운 목소리로 '미인이 되고 싶으면 살을 빼라.'라고 속삭인다. 이것이야말로 몸을 길들이는 근대 권력의 목소리가 아니고 무엇이겠는가?

비만, 건강에서 비정상으로　1930년『별건곤』제27호에 실린 김동인의 소설「여인」에는 뚱뚱한 사람을 "뚱뚱보! 돼지!"[17]라고 놀리는 장면이 등장한다. 그리고 1년 후인 1931년,『동광』제17호에 실린「독서실」이라는 문예비평에는 "마치 뚱뚱보 같아서 도리어 미美를 깨트리는 것이다."[18]라는 표현이 등장한다. 이 표현들은 모두 뚱뚱한 것이 아름다움과 거리가 있다는 인식을 드러내고 있다.

　그런데 1938년『조선일보』에는「기뻐하라 뚱뚱보. 살찐 것은 신이 주신 최대의 혜택. 인내와 덕과 정력의 원천」이라는 글이 등장한다. 얼핏 앞서의 표현들과 모순된 것처럼 보인다. 하지만, 여기서 뚱뚱함을 긍정적으로 보는 것은 아름다움의 차원이 아니라는 점에 주목해야 한다. '덕'과 '정력의 원천'이라는 표현에서 알 수 있듯이 화자는 전통적인 가치나 건강의 차원에 기대어 뚱뚱함을 긍정하고 있는 것이다.

　사실 전통적인 이해방식은 뚱뚱함에 대해 부정적이지 않았다. 후덕함은 미덕이었지 악덕이 아니었다. 1915년에 등장한 '자양환' 광고는 살찐 몸에 대한 전통적 입장과 다르지 않은 내용을 담고 있다. 그림을 보면, 오른쪽 끝에는 가장 여윈 사람이 자리하고 있고, 왼쪽으로 갈수록 점점 뚱뚱한 인물들이 자리하고 있다. 그 인물들 위로 화살표가 지나가고 있는데, 이는 살찌는 것이 마치 진화의 움직임이라고 주장하는 것 같다. 더욱이 가장 뚱뚱하게 표현된 인물은 엄지를 편 손을 치켜들고 자신이 최고임을 자랑하고 있다.

　하지만 이러한 양상은 근대의 유입과 함께 달라지기 시작하였다. 1933년 11월 1일자 『별건곤』에는 「뚱뚱보 철학哲學, 비非모던 인물학人物學」이라는 제목의 글이 등장하는데, 제목만으로도 화자가 뚱뚱함을 근대적인 것과 대비시키고 있음을 알 수 있다. 근대 의학담론의 등장과 확산으로 비만에 대한 부정적인 인식은 빠르게 확대되어 나갔다. 근대의 의학담론은 건강에 대한 욕망과 병에 대한 공포를 매개로 몸에 대한 영향력을 행사하였다. "늙으막 뚱뚱보는 장수를 못합니다. 40이 넘어서는 여위도록"이라는 1931년 『동아일보』 기사는 바로 그러한 내용을 보여 주고 있다.

자양환 광고
1915년

"건강한 사람은 부대하고 약한 사람은 수척하다. 이렇게 말하는 것은 극히 보통으로 생각하는 것이지만 장질부사[19]나 폐렴에는 살찐 사람이 오히려 못 견디고, 마른 사람이 잘 견디는 것뿐만 아니라 대체로 마른 사람이 단단한 경우가 있습니다. (……) 이점으로 보아 우리들이 주의할 것은 젊은 동안에는 영양을 많이 취하여 살이 오르게 할 것이며, 이미 40세만 넘게 되거든 될수록 살이 많이 오르지 않도록 궁리해야 할 것입니다."[20]

장질부사와 폐렴이라는 병명은 서양 의학의 유입과 함께 등장하였다. 이 기사에서 흥미로운 것은 살찐 것과 마른 것 중에서 어느 하나만을 긍정하지 않고, 시기를 구분한 후 해당 시기에 따라 살찐 것과 마른 것을 긍정하고 있는 점이다. 40세 이전에는 살이 찌도록 하고, 40세 이후에는 살을 빼라는 방식으로 말이다. 이러한 구분 방식은 살찐 것도 한 가지가 아니라는 이해에서 비롯된 것이다. 비만을 지방성 비만과 근육성 비만으로 나누고 나서, 지방성 비만은 부정적인 것이고 근육성 비만은 긍정적인 것이라는 식의 이해가 바로 그것이다. 이는 살찐 것에 대해 긍정적이었던, 아니 적어도 부정적이지는 않았던 전통적 이해방식에 변화가 있음을 보여 주는 것이다.

그 변화는 남녀에 따라 다르게 나타났다. 건강과의 관계에서 뚱뚱함이 이야기될 때, 대상이 되는 것은 대부분 남성의 몸이었다. 하지만 아름다움과의 관계에서 몸이 이야기될 때는 여성이 등장하였다. 몸에 대한 관심이 증폭되던 근대 초기 여성의 몸은 아름다움의 맥락에서 지각되었던 반면 남성의 몸은 건강의 맥락에서 지각되었던 것이다. 이로 인해 남성의 뚱뚱함에는 어느 정도 관대한 태도가 한동안 지배적이었던 데 반해, 여성의 뚱뚱함에는 엄격한 태도가 초기부터 유지되었다.

1934년 2월 1일자 『별건곤』에 실린 「뚱뚱보 여선생의 실연」이라는 소설의 주인공은 "아버지 어머니가 도대체 잘못이야! 얼굴은 어찌하여 요 모양으로 만들어 놓았고 몸뚱이는 비지만 먹여 놓았나! 왜 이리 뚱뚱하게 키워 놓았어?"라고 한탄한다. 이 글은 "기뻐하라 뚱뚱보. 살찐 것은 신이 주신 최대의 혜택. 인내와 덕과 정력의 원천"이라는 『조선일보』의 기사와 거의 같은 시기에 등장했다. 차이가 있다면 하나는 대상이 남성이고 다른 하나는 대상이 여성이라는 점뿐이다.

뚱뚱한 여성에 대한 부정적 인식은 매체를 통해 확산되었다. 1935년 9월 5일자 『동아일보』에는 「뚱뚱보는 선생 될 자격 없다」라는 기사가 등장한다. 기사는 뚱뚱한 여자 교사들을 엄금하기로 했다는 미국 뉴욕 교육국의 발표를 소개하고 있다. 뉴욕 교육국이 이

「신랑은 거대한 뚱뚱보,
신부는 호리호리한 미인」
동아일보,
1932년 11월 2일

「뚱뚱보는
선생 될 자격이 없다」
동아일보,
1935년 9월 5일

러한 결정을 내린 것은 "뚱뚱한 여자는 정신적으로만이 아니라 병리
학적으로도 불건전한 것이 증명"되었기 때문이다. 더욱이 그 내용은
의사들의 연구로 밝혀졌다고 기사는 쓰고 있다. 이러한 기사가 유통
되는 공간에서 살찐 몸, 특히 살찐 여성의 몸을 바라보는 시선은 더
욱 차가워졌다.

> "미국의 과학자들은 가난한 집에서 난 여자들이 부잣집 출신 여자보다
> 더 빨리 뚱뚱해진다고 언명. 3명의 과학자가 1,630명의 뉴욕 부녀자들
> 을 상대로 수집한 자료에 의하면 뚱뚱한 사람일수록 정상적 체중을 가
> 진 사람보다 성숙도가 낮고 인정이 없으며 의심이 많다는 것. AP"[21]

AP통신을 인용한 「대개의 뚱뚱보는 가난뱅이 출신?」이라는 위 기사
는 뚱뚱함과 여윔을 추함과 아름다움이 아닌, 정상과 비정상의 맥락
에서 다루고 있다. 비만한 여성들이 성숙하지 못한 비정상의 자리에
배치될 수밖에 없는 것은 과학이 그렇다고 규정하고 있기 때문이다.
더욱이 '미국'의 과학이라면 더 말할 것도 없다.

　신 앞에서 인간은 나약한 존재다. 이것을 중세에만 해당되는 이야
기라고 생각해서는 안 된다. 과학이 신의 자리를 차지한 오늘날 여전
히 인간은 신 앞에서 나약하다. 천연덕스럽게 던지는 과학의 거짓말

에 꼼짝 못하고 얼어붙을 수밖에 없는 것은 바로 이 때문이다. 오늘
도 이곳저곳에서 과학은 사뭇 진지한 표정으로 그러한 거짓말들을
쏟아 내고 있을 것이다. 무비판적 신자들의 믿음에 기대어서 말이다.

4

우량아선발대회

◆

어린이의 발견과 계몽이라는 이름의 신화

호명된 어린이　가족이 바뀌고 있다. 무엇보다 가족에 대한 인식이 바뀌고 있다. '독신가정'이야말로 그 변화의 극한을 보여 주는 표현일 것이다. 결혼을 하지 않고 혼자 지내는 이들을 '가정'이라는 이름으로 담아내는 움직임! 그것은 분명 이전에는 볼 수 없었던 현상이다. 요즘 들어 이 표현은 그 어느 때보다도 활발히 유통되고 있다. 그만큼 혼자 사는 이들이 많다는 증거일 것이다. 보건복지부가 발표한 '2012 전국 결혼 및 출산동향 조사'에 따르면 결혼이 필요하다고 생각하는 미혼여성은 56.7퍼센트에 불과한 것으로 나타났다.[1] 절반에 가까운 여성들이 결혼이 필요치 않다고 생각하고 있는 것이다. 이 수치는 작금의 독신가정 증가가 일시적인 현상이 아님을 짐작케 한다.

　설령 결혼을 하였더라도 자녀를 낳지 않고 지내려는 부부들이 늘고 있다. 예전 같으면 부모나 주위의 성화 때문에라도 아이를 가졌을 것이다. 하지만, 지금은 그렇게 강요할 수 있는 상황도 아니고, 강요할 수 있는 이들도 없으며, 실제로 강요하지도 않는다. 오늘날 자식에게 기대어 노년을 보낼 수 있을 것이라는 생각은 의미의 회색지대를 건너 금기의 영역으로 들어섰다. 오히려 자식이 기대어 오지나 않을까를 걱정해야 하는 시대가 되었다. 이러한 상황에서 자식을 낳고 키우는 것은 용기를 필요로 하는 일이 되어 버렸다. 고통스러운 노동과 수고, 많은 비용을 감수해야만 하는 일 말이다.

가족에 대한 인식 변화는 90년대 이후 뚜렷한 현상으로 자리 잡았다. 여기에는 여성의 사회진출 확대가 큰 역할을 했다. 일하는 여성을 차갑게 바라보던 사회의 시선이 부드러워지면서 육아나 가사보다 사회적 활동에서 의미와 가치를 발견하려는 여성들이 늘어났다. 이러한 여성들에게 결혼은 말 그대로 선택일 수 있는 것이다.

그런데 오늘날 가족 형태의 변화는 경제적 어려움과 불안에 더 큰 원인이 있는 것 같다. IMF 이후 빠르게 유입된 신자유주의는 우리 사회를 빈부 격차가 심한 경쟁사회로 만들어 버렸다. 비정규직은 증가하고 있고, 안정된 직장을 가지는 것은 그만큼 어려운 일이 되었다. 그에 따라 결혼 생활에 필요한 경제적 토대를 마련하는 일은 더욱 어려워졌다. 하루 앞을 내다볼 수 없는 불안한 현실이 기대고 의지할 수 있는 대상으로서가 아니라 부담스러운 짐으로 가족을 인식하도록 만들고 있는 것이다.

가족의 형태가 변하고 있다는 것은 분명한 사실이다. 하지만 오늘날 부부와 자녀로 구성된 핵가족이 지배적 가족 형태라는 사실은 부정할 수 없다. 지금과 같은 핵가족 형태가 일반화된 것은 그리 오래된 일이 아니다. 아마 그 시기는 산업화의 진전과 그에 따른 근대 도시의 형성 시기와 겹쳐질 것이다.

가족 형태가 핵가족화 되면서 많은 것들이 바뀌었다. 어린이라는 존재를 새롭게 주목하기 시작한 것이야말로 무엇보다 중요한 변화일 것이다. 전통 가정에서 중심은 노인이었다. 하지만 근대화되는 도시 공간에서 노인은 더 이상 주목받는 대상이 아니었다. 오히려 관심은 어린이에게로 급속하게 이동했다.

오늘날 우리가 생각하는 어린이라는 개념, 즉 천진난만하고 무한한 가능성을 가진 존재이자 보호받아야 할 대상으로서의 어린이라는 개념은 본래부터 있었던 것이 아니다. 어느 시기나, 그리고 어느 곳에서나 어린 존재로서 어린이는 존재하고 있었지만, 어른과 구분되는 천진난만한 존재이자 보호받아야 할 대상으로 그들을 바라보는 시선은 근대에 이르러 등장한 것이다.

서구에서도 17세기 이전까지는 어린이라는 개념이 없었다. 그들을 따로 구분해 줄 개념이 없었다는 것은 지금처럼 어린이 시기를 따로 구분하지 않았다는 것을 의미한다. 따라서 어린이만을 위한 방, 어린이만을 위한 옷, 어린이만을 위한 놀이는 별도로 존재하지 않았다. 어른이 할 수 있는 것은 어린이 역시 할 수 있다고 이해되었고, 실제로 어린이들은 그러한 것들을 해야만 했다. 어린이는 크기만 작았지 어른과 크게 다르지 않은 존재였던 것이다.[2]

어른과 다른 존재로서의 어린이라는 개념은 17세기 무렵에 등장했다. 하지만, 그것은 권력과 경제적 여유가 있는 가정에 한정된 현상이었다. 어른과 구분되는 특별한 존재로 어린이를 보는 시각이 일반화되기까지는 보다 많은 시간을 기다려야 했다. 19세기 중반, 산업혁명의 중심에 있었던 영국만 보더라도 4~5세의 아이들은 어른과 마찬가지로 하루 14시간 이상의 노동에 시달려야 했다. 물론 당시 부르주아 가정의 어린이들은 부모의 따뜻한 보호 아래서 오늘날과 다르지 않은 대접을 받고 있었다.[3]

우리의 경우도 어린이는 서구에서와 마찬가지로 작은 어른으로 이해되었다. 어른과 다른 천진난만한 존재로 어린이를 인식하기 시작한 것은 지금으로부터 100여 년 전인 1920년 무렵이었다. 바로 이 시기에 근대식 보통학교가 확대되었고, 학교에 다니는 어린이들도 늘어났다. 그에 따라 어린이 관련 서적의 급격한 증가가 나타났고, 어린이 관련 담론들의 확대 현상도 나타났다. 방정환이 어린이날을 제정하고, 어린이를 대상으로 한 잡지인 『어린이』를 발간한 것도 이 무렵의 일(1923년)이다. 유무형의 근대적 산물들과 제도들이 유입됨에 따라 오랜 시간 이어져 온 전통적인 삶의 방식들이 해체되는 공간에서 어린이도 새롭게 발견된 것이다.

그렇다면 근대가 유입되면서 어린이는 어떻게 정의되었을까? 다음 1925년 『동아일보』 기사 내용은 그 단면을 잘 보여 주고 있다.

"성현의 말에 나무도 어렸을 때에 곧게 만들어야 자라서도 꼿꼿하여진
다고 하였습니다. 식물이 이러함과 같이 사람은 한층 더 어릴 때에 교
육이 어린이의 자란 후에 큰 영향을 끼치는 것임으로 나이 어리고 마음
이 단순하여 무사기한[4] 어린아이 때에 좋은 길로 잘 인도하면 장성한
후에 능히 완전한 개성으로 똑똑한 사람이 될 수 있으며, 잘못 교육함
으로 인하여 자란 뒤에 자기 한 몸을 타락시키며 사회에 큰 해독을 끼
칩니다."[5]

기사는 나무의 은유를 통해 어린이를 주목하고 있다. 그러한 인식의
공간에서 어린이는 무한한 가능성을 지닌 어린 싹과 같은 존재였다.
식물의 싹이 그렇듯이 어린이는 잘 키우면 개성을 가진 훌륭한 사람
이 될 수 있지만, 만일 좋은 길로 인도하지 못한다면 사회에 독이 될
수 있는 존재였다. 여기서 어린이를 잘 키울 수 있는 수단으로 교육
이 이야기되고 있는 점에 주목해야 한다. 왜냐하면 그러한 이해 속에
서 근대 보통학교가 확대[6]되었기 때문이다.
　학교가 확대되기 위해서는 어린이라는 존재가 먼저 발견되어야
할 것처럼 보인다. 하지만 현실은 그 역에 가까웠다. 즉, 어린이가 먼
저 발견되었기 때문에 학교가 등장하고 확대되었다기보다는, 보통

**어린 싹으로서의
어린이**
동아일보,
1924년 5월 5일

근대가 유입되던
20세기 초, 어린이는
새싹과 같은 존재로
이해되었다. 광고의
이미지는 바로 그러한
이해를 보여 주고 있다.

학교와 같은 제도가 먼저 등장하고 확대되면서 어린이의 존재가 뚜렷하게 지각되었던 것이다. 물론 이렇게 발견된 어린이는 다시 근대 학교의 확대에 영향을 주었다. 만일 후자의 움직임만을 주목한다면 근대 학교는 이미 존재하던 어린이를 위해 등장한 것처럼 보인다. 하지만 이것은 착시현상에 불과하다. 기원에 대한 착시현상에 빠져 학교와 같은 제도가 어린이라는 새로운 주체를 만들어 내었다는 사실을 간과해서는 안 된다.

세 가지 시선에 담긴 세 가지 욕망 어린이는 사회의 통념을 따르지 않는다. 1만원짜리 지폐 한 장을 가지고 있는 어린이는 1천원짜리 지폐 두 장을 가진 어린이를 부러워하며 운다. 고급요리에는 실망하다가도 짜장면 앞에서는 감동하는 이들이 어린이다. 그들은 책이 라면 받침대로 변하는 정도의 상상력에 만족하지 않는다. 그들의 상상력은 이불을 바다로 만들어 버리고, 옷걸이를 우주선으로 변화시켜 버린다. 그들은 둔갑술의 귀재이기도 하다, 할아버지였다가 일순간 우주전사로, 우주전사였다가 곰으로 변신하며, 곰이었다가 공기가 되기도 한다.

어린이는 양가적 존재다. 한없이 나약한 것 같지만 때로는 무모하리만치 용감하고, 한없이 귀엽지만 때로는 대책이 없이 얄미우며, 한

없이 천진난만하지만 때로는 섬뜩할 정도로 두려운 존재가 바로 그들이다. 처음 발견되어 주목받기 시작할 때부터 어린이는 희망만을 떠올리는 존재가 아니었다. 만일 희망만을 떠올리는 존재였다면 어린이에 대한 관심이 그렇게 크지 않았을 것이다. 근대의 확산과 함께 미래를 명확히 상상할 수 없는 공간에서 때로는 희망이 될 수 있고, 경우에 따라서는 공포가 될 수도 있는 존재였기 때문에 어린이는 주목받았던 것이다.

그렇다면 어린이가 떠올리게 했던 희망과 공포의 내용은 무엇이었을까? 그 내용이 무엇인지를 이야기하려면 당시 적어도 세 주체가 어린이와 관계하고 있었다는 사실에 주목할 수 있어야 한다. 식민지 지배자로서의 제국주의 일본, 민족주의 진영, 그리고 가정에서의 부모가 바로 그들이다. 이들 서로 다른 주체들은 각각 자신들의 이해가 만들어 낸 고유한 안경을 통해 어린이를 바라보았다.

우선 일제는 천황 중심의 국가체제 유지를 위해 어린이와 그들의 교육에 관심을 가졌다. 이토 히로부미伊藤博文내각의 초대 문부대신(교육부장관)이었던 모리 아리노리森有禮는 천황의 신민으로 "국민을 형성하기 위해 교육이 공헌해야 한다."는 생각을 가지고 있었다. 이러한 인식 속에서 그는 학교를 군대와 같은 훈육의 장소로 만들었다. 그에게 "학교는 장래의 일본을 짊어질 아동들이 자신의 신체를 근대

일제는 어린이를 자신들의
충성스런 신민으로
키워 내고자 했다. 이러한
의도 속에서 어린이는
예비 군인으로 호명되었다.

소학생들에게 방공지식
보급을 위해 제작된 책자
동아일보,
1940년 6월 29일

국민국가의 주체=신민에 걸맞게 길러가는 장이며, 동시에 그런 식으로 길들여진 신체가 국가의 시선 앞에 빠짐없이 선보이는 장소"[7]였던 것이다.

이러한 이해는 식민지 조선에서도 유효한 것이었다. 특히 일제강점기 후반에는 그 어느 때보다 뚜렷한 현상으로 나타났다. 1940년 6월 29일자 『동아일보』에 등장한 「소학생에 방공지식보급」이라는 기사는 그 대표적인 예이다. 기사는 "소학 아동에게 정확한 방공지식을 보급하여 오는 시대에 우수한 방공위원을 양성하는 동시에 아동을 통하여 각 가정에도 방공지식의 보급을 도모하는 목적으로 『아동의 방공』이라고 하는 책을 만들어" 배포한다는 내용을 담고 있다.[8] 당국에서 양성하고자 했던 "우수한 방공위원"이란 공부하는 주체로서의 학생보다는 군인을 떠올리게 한다. 가정에 방공지식을 보급하는 것이야말로 이들 어린이에게 부여된 중요한 임무였다. 2차 세계대전이 한창이던 당시 일제에게 아동은 이처럼 일종의 예비군이었던 것이다.

식민지 초기부터 일제는 어린이들이 특정한 방향으로 훈육되고 교육되어야 자신들의 통치가 수월하다는 것을 알고 있었다. 그것은 정치권력의 욕망이자 경제권력의 욕망이었다. 일제가 어린이를 주목하고, 1920년대 이후 보통학교를 급속히 확대시킨 것은 수월하게 통치할 수 있는 순종적인 식민지 피지배자들을 만들어 내기 위함이었다.

일제에게 식민지에서 자라나는 어린이들은 예비 군인이었을 뿐만 아니라 예비 노동력이었다. 이러한 이유 때문에 본국의 어린이들에 대한 교육 내용과 식민지 내에서 이루어진 교육 내용 사이에는 차이가 있었다. 식민지 통치의 수월성이라는 맥락에서, 그리고 자본주의의 충성스러운 노동력 생산이라는 맥락에서 어린이를 주목하였던 일제에게 있어 유순하지 않는 신체, 복종하지 않는 식민지 성인으로 어린이들이 자라나는 것은 두려운 일이었다. 이러한 두려움이 반복적인 움직임을 특징으로 하는 실업교육 중심의 교육 내용을 불러들였던 것이다.

두 번째로 민족주의 진영에서는 위기에 처한 민족을 구원할 미래의 주역이라는 인식 때문에 어린이를 주목하였다. 1923년 7월 25일자 『동아일보』의 「어린이 인도는 어찌하면 좋을까?」[9]라는 기사는 당시 이러한 인식을 하고 있던 주체들의 행사를 소개하고 있다. 천도교 주최로 열린 '소년지도자대회'가 그것인데, 이 대회는 방정환을 비롯하여 "어린이를 위하여 애를 쓰고, 걱정을 하고, 심혈을 기울이는 이들이 모두 모여 조선 어린이의 앞길을 지도할 최선의 방침"이 무엇인지를 모색하는 행사였다.

『동아일보』 1925년 4월 22일자 부인 코너에 등장한 「이 다음 조선의 주인, 어린이 기르는 길」이라는 기사 역시 같은 맥락에 자리한다. 기고 형식을 띤 이 기사에서 '전주유치원'의 전루이사는 1920년대부터 본격적으로 확대된 교육열에 대해 "만근 수년 이래로 우리 조선 사람 사이에 이러난 교육열은 우리 조선의 이 다음 운명을 상징하는 조짐"이라고 전제한 후, 어린이 교육에 대한 사회적 책임을 다음과 같이 강조하였다.

> "조선 사회의 현재 상태로 보아 모든 기대와 촉망은 우리 어린이들에게 삼고 있는 것이 아니겠습니까? 그러면 어린이로 하여금 사람이 걸어나갈 길 또는 조선의 장래라는 그 길로 어그러지지 않고 잘 걸어 나가게 하며 다른 길로 그릇 들어서지 않게 잘 지켜 가도록 하여 줄 걱정이 어찌 나 한사람만의 걱정으로 여기겠습니까? 우리 어린이들은 이 다음의 조선이라는 귀중한 짐을 지고 있습니다. 가정과 사회가 다 한가지로 이 어린이들을 존중히 여기고 보호하여 그들이 자라는 대로 인도할 의무를 다 같이 져야 할 것이올시다."[10]

글은 어린이들에 대한 희망을 담고 있다. 화자는 유순하고 순종적인 신체를 만들어 내기 위해 어린이와 교육에 관심을 가졌던 일제와 달리 조선의 장래를 책임질 주체로 어린이를 규정하고, 바로 이러한 이유 때문에 그들에게 관심을 가지고 있다. 이러한 맥락에서 어린이들을 존중하고 보호하며 교육해야 하는 것은 사회와 가정 모두가 공유해야 하는 의무가 되는 것이다.

세 번째로는 가정이 어린이에게 관심을 가졌다. 그 관심의 이면에는 여러 이유들이 있었다. 국권 상실이라는 당시 상황도 그중 하나였다. 특히 일제강점기에 접어들면서 시작된 토지조사사업은 가정이 자녀 교육의 필요성을 절감하게 한 하나의 사건이었다. 토지조사사업은 일본인들의 토지 소유를 법적으로 인정해 주었는데, 이 과정에서 글을 몰라 토지 소유권을 잃어버린 농민들이 적지 않았다. 이러한 일을 당하거나 전해 들은 이들은 자식들을 주목하였고, 그들에 대한 교육 의지를 불태웠다.[11]

신분제 폐지에 따라 상층계급으로 진입할 수 있는 하나의 길로 교육이 이해되기 시작한 것도 가정이 자녀들과 그들에 대한 교육을 주목한 이유였다. 가정의 차원에서 보면 가족 구성원 중 누군가가 관료가 된다거나 인정받는 전문직 종사자가 된다는 것은 단순히 그 대상자만 사회적으로 일정 지위에 오른다는 것을 의미하지 않았다. 그것은 가족 전체의 계급 상승과 같은 것으로 받아들여졌다. 당시 비록 하급 관료일지라도 관료가 되기 위해서는, 그리고 사회적으로 인정받는 전문직 종사자가 되기 위해서는 학력자본이 필요하였고, 이

"물은 담는 그릇에 따르오.
사람은 가르침에 따르오.
과자나 사탕 대신에
유익한 장난감"이라는
문구가 인상적이다.

러한 상황이 교육에 대한 의지, 그리고 그에 따른 치열한 입시경쟁[12]을 만들어 내었던 것이다.

　더욱이 이전 시대까지는 대의를 위한 입신양명立身揚名이 중요한 가치였지만 나라 잃은 식민지하에서는 개인과 가문의 영광을 위한 출세出世가 그 자리를 대신하였다. 입신양명은 국가라는 무대가 전제되어야 하기 때문에 나라 잃은 식민지 상황에서는 힘을 발휘할 수 없었던 것이다.[13] 이러한 상황에서 공부는 출세를 위해 이루어졌고, 가정에서의 교육도 출세를 향해 있었다. 가정에서 어린이가 새롭게 주목받는 대상이 된 것은 이러한 이유들 때문이었다.

기계, 혹은 전쟁터　어린이가 지각되면서 여러 변화들이 나타났다. 무엇보다 주목할 만한 변화는 가정에서 나타났다. 어린이의 발견으로 자녀를 잘 양육하고 키우는 것이 가정에서 어머니의 가장 중요한 역할로 자리잡았다. 자연스럽게 어린이의 건강은 주된 관심사가 되었다. 1920년대와 30년대에 발행된 일간지와 가정잡지를 보면 아동 건강이 매우 중요하게 다루어지고 있다는 것을 알 수 있다.[14] 그 바탕에는 몸을 바라보는 시각의 변화가 자리한다. 근대의 유입과 함께 몸은 일종의 기계와 같은 것으로 이해되었는데, 이러한 이해 방식은 어린이의 발견보다 앞선 것이었다. 유길준의 『서유견문』(1895)에는 달라진 몸에 대한 이해가 어떤 것인지 알 수 있는 부분이 등장한다.

"사람의 오장육부는 비유하자면 증기관차의 기계와 같으며, 음식물은 석탄이나 물과 같은 재료라고 할 수 있다. 기계가 석탄이나 물을 얻은 연후에야 그 작용을 할 수 있는 이치와 같아서, 오장육부도 음식물을 흡수해야 그 기운과 피의 순환하는 힘을 조성하게 되는 것이다. 따라서 음식물의 양이 과하면 기계의 석탄이나 물이 지나친 것과 같아서 기계가 손상되기 쉬운 것과 같이 오장육부도 손상을 받는 것이다. 또 반대로 음식물이 적으면 석탄이나 물이 적어 기계가 지체되는 것과 같이 오장육부도 정상적인 기능을 잃게 될 것이다. 그러므로 적당한 분량을 지켜 과부족이 없도록 해야 한다."15

유길준은 몸을 기계와 같은 것으로 이해하고 있다. 비록 음식물을 섭취하는 것과 기계에 연료를 투입하는 것을 비유적으로 관계시키는 정도에 머물고 있기는 하지만, 몸을 기계로 인식하였다는 사실, 그것도 20세기의 문턱을 넘어서기도 전에 그렇게 이해했다는 사실은 당시 유길준이 세계의 시간 속에서 살았던 근대인이었음을 보여준다.

　　서구에서 근대 의학은 몸을 기계로 인식하는 이해에 바탕을 두고

발전하였다. 우리의 경우 서구 의학은 19세기 말부터 도입되었다. 특히 최초의 근대식 의료기관으로 알려진 제중원(설립 초기 이름은 광혜원이었으나 곧 제중원으로 불림)의 설립은 서양의학 확산에 중요한 분기점이 되었다. 제중원은 1884년에 있었던 갑신정변이 계기가 되어 설립된 것으로 알려져 있다. 갑신정변 당시 외아문外衙門 만찬에 참여하고 있던 명성황후의 조카 민영익이 괴한의 칼에 찔려 쓰러지는 사건이 있었다. 그의 치료를 위해 당시 내로라하는 한의사들이 몰려들었다. 하지만 칼로 입은 상처에 한의학은 아무런 역할을 할 수 없었다. 이러한 상황에서 고종의 외교 고문이었던 멜렌도르프는 선교사로 와 있던 미국인 의사 알렌에게 치료를 요청했다.

알렌은 명주실로 봉합수술을 하였고, 운 좋게도 수술은 성공적이었다. 민영익이 소생하면서 서양의학에 대한 우호적인 분위기가 형성되었다. 그리고 이듬해인 1885년 제중원이 만들어졌다. 제중원에서는 질병에 대한 치료와 의학교육이 이루어졌다. 이러한 일련의 과정 속에서 서양의학은 물론, 몸을 하나의 기계와 같은 것으로 바라보는 이해방식이 확산되어 나갔던 것이다.

몸을 기계의 은유로 이해하는 방식은 오늘날에도 낯선 것이 아니다. 유길준이 몸을 증기기관차에 비유한 이래 그러한 이해는 끊임없이 확대되었다. 그 결과 기계의 은유는 이제 하나의 은유를 넘어서 실제 현실을 있는 그대로 묘사하는 표현이 되었다. 기계 부품들을 갈 듯이 몸을 분해하고, 부분을 교체하는 움직임은 어느덧 일상적 풍경이 되었기 때문이다.

몸은 전쟁의 은유를 통해서도 이해되었다. 근대 의학이 세균을 발견한 이래, 질병은 몸과 세균이 벌이는 일종의 전쟁으로 받아들여졌다. 가정은 그 주된 전쟁터였다. 특히 어린이가 천진난만한 존재일 뿐만 아니라 돌보아야 하는 대상으로 발견된 이래로, 가정은 질병을 끊임없이 의식해야 하는 공간이 되었다. 『동아일보』 1931년 5월 10일자 「유아의 위생과 민족, 가정과 개업의 제씨에게」라는 글은 이러한 상황을 잘 보여 준다.

"소아 사망률이 많은 것은 민족의 비참사인 동시에 불명예인 것은 말할 것도 없거니와, (……) 이런 불행을 면하려면 육아를 오직 상식(기실은 다량의 무지와 미신을 포함한)에만 의하던 재래의 조선 가정의 사상을 타파하고 반드시 전문가의 지도에 의한 과학적 육아법을 채용하여야 할 것이다. (……) 개업의들이 민족을 위한다는 견지에서 소아의 진찰, 건강간호 등에 봉사적으로 종사하는 것이다."[16]

글은 위생의 이름으로 소아의 건강에 대해 이야기하고 있다. 화자는

「어린이 병은
급변한다」
동아일보,
1939년 10월 5일

「본보지국 주최의
마산 아동예찬,
제1회 성적양호」
동아일보,
1930년 2월 16일

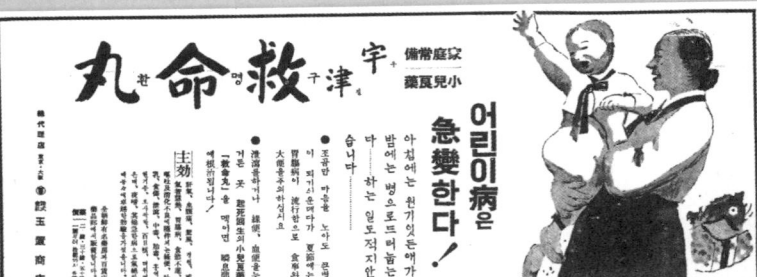

당시 소아 사망률이 높은 원인을 전통적인 육아법의 그릇된 상식에서 찾고 있다. 전통적인 육아에서 질병은 악귀에 의한 것으로 이해되었는데, 근대의 위생 담론은 그것을 "다량의 무지와 미신"과 관계 시켰고, 따라서 타파해야 할 대상으로 호명하였다. 실제로 이러한 호명은 전통적 육아법을 타파하는 움직임으로 나타났고, 그것이 타파된 자리에 "전문가들의 지도에 의한 과학적 육아법"을 배치해 나갔다.

1920, 30년대 매체들에 등장하는 글을 보면 아동의 몸에 관한 과학적 위생 담론이 활발하게 유통되고 있음을 알 수 있다. 이러한 담론을 생산하는 주된 주체는 의사들이었다. 대학의원 이선근의 「아동들의 공중위생 열 가지」라는 『동아일보』의 시리즈 기사는 전문가로서의 의사가 어떻게 몸과 관련한 근대적 담론들을 생산하고 유포하였는지를 잘 보여주고 있다. 1931년 1월 6일자 기사에서 그는 "이 사이에는 여러 가지 음식물이 간단없이 끼여서 시간의 경과에 따라 그것이 부패하는 고로 여러 가지 세균의 번식함에 가장 적당한 곳"[17]이라고 표현함으로써 아동의 건강을 해치는 공포의 대상이 악귀가 아닌 세균임을 명확히 하고 있다. 『동아일보』 1931년 1월 11일자에 나타난 "전염병이면 동무와 놀지 말라", "목욕탕 속에서 때를 밀지 말 것", "음식 먹기 전후에는 손 씻을 것" 등의 내용 역시 같은 이해 속에서 등장하였다.

이러한 위생담론의 청자는 누구였을까? 얼핏 아동이라고 생각하기 쉽다. 그러나 엄밀히 말해 화자가 말을 하며 바라보는 대상은 어머니들이었다. 「내년 봄에 학교에 들어갈 아이를 지도하는 방법」이라는 『동아일보』 1932년 10월 18일자 기사의 부제목이 "특히 어머니의 주의할 일"인 것은 바로 이러한 사실을 보여 주는 것이다.

근대의 가정에서 육아는 행복한 가정의 창출이라는 새로운 소임을 부여받은 어머니의 일로 정의되었다. 아이를 잘 키우는 것은 가정을 스위트 홈으로 만들기 위해 그들이 해야만 하는 중요한 임무였다. 뿐만 아니라, 어머니로서 역할을 잘했는지 못했는지를 사회로부터 평가받는 기준이기도 했다. 아이를 잘 키웠는지 여부는 무엇보다 아이들의 신체적 건강을 통해 확인되었다. 때문에 어머니들은 아동의 건강을 주시하며 그것을 지키기 위해 노력해야 했다. 위생과 과학 담론은 아이들을 건강하게 키우는 구체적인 방법들을 알려 주었다. 이를 닦게 하고, 전염병이 있을 때 친구들과 어울리지 못하게 하며, 식사 전에 손을 씻게 하는 것이 바로 그러한 담론의 내용이었다. 그것은 또한 언제나 청결하게 유지 관리해야 하는 곳으로서의 가정을 이야기했고, 음식을 영양이라는 차원에서 바라볼 수 있어야 한다고 속삭였다.

아동예찬 1920년대 중반부터 우량아선발대회가 "영아대회", "아동
건강대회", "유아건강심사회", "영아진찰시상식", "아동예찬" 등의
이름으로 개최되었다. 1930년 『동아일보』 마산지국에서 주최한 제1
회 아동예찬 행사 관련 기사를 보면 당시에 우량아선발대회가 어떠
한 목적을 가지고, 어떠한 방식으로 이루어졌는지를 알 수 있다.

> "본보 마산지국에서는 장래 세계의 주인공이 될 어린이들을 양육하는
> 조선 가정에 대하여 보육상 지식을 보급시킬 취지 아래 마산사립배달
> 유치원 자모회 후원으로 제1회 아동예찬을 주최한다함은 이미 알린 바
> 이오니와 예정한 시일인 지난 10일 오후 2시부터 배달유치원 유희실에
> 서 삼성의원장 김형철 씨와 학산의원장 리순필 씨가 어린이들의 체중,
> 신장, 영양 등을 검사하여 그 중에도 체중과 영양 등이 제일 우수한 아
> 동 여섯 명을 선발하여 다시 검사한 결과 1, 2, 3등을 결정한 후 지난
> 30일 오후 2시에 배달유치원 유희실 내에서 시상식을 거행하는 동시에
> 검사 담임의사인 김형철 씨로부터 아동양육에 관한 강화講話[18]가 있었
> 는데, 등급에 당선된 아동의 성명과 특징은 아래와 같다."[19]

행사가 유치원 자모회의 후원으로 이루어졌다는 사실에 주목해야
한다. 왜냐하면 이는 육아가 여성의 일로 고착화되고 있음을 보여

주는 것이기 때문이다. 우량아선발대회는 육아가 여성의 일이라는 이해를 강화시켰다. 뿐만 아니라 위생이나 영양을 의식하는 과학적 육아에 대한 담론 확대에도 기여하였다. 위 기사는 아동예찬 행사가 어린이의 양육에 대한 근대적 지식을 조선 가정에 확산시킬 목적으로 이루어졌음을 명확히 밝히고 있다. 여기서의 근대적 지식이란 "전문가의 지도에 의한 과학적 육아법"을 말하는 것이고, 전문가란 근대적 지식을 습득하고 그 지식에 의해 세상을 보는 의사들을 지칭한다. 삼성의원장 김형철, 학산의원장 리순필이 바로 그러한 인물들인 것이다.

의사들은 과학적 지식을 내면화한 주체였을 뿐만 아니라, 근대를 설파하고 계몽하는 주체였다. 그들은 과학이라는 안경으로 세상을 바라보았는데, 이 안경은 새로운 가시성의 장을 열어 주었다. 과학적 지식에 의해 새롭게 열린 가시성의 공간에서 유아들은 체중, 신장, 영양 등으로 이해될 수 있는 존재였다. 체중, 신장, 영양은 양으로 표현될 수 있는 내용들인데, 유아들이 우량아로 평가받기 위해서는 이처럼 양적인 것으로 환원되어야 했다. 그래야만 측정이 가능하고 상호 비교가 가능하기 때문이다. 유아들은 측정되었고, 과학이 미리 마련한 기준에 따라 순위가 부여되었다.

"무게/ 키/ 가슴/ 머리크기 20, 머리 20, 머리털 10, 정수리(정한지 부정한지) 10, 숨구멍 10, 얼굴/ 눈/ 코/ 입 40, 귀 10, 목/ 편도선/ 림파선 20, 가슴/ 폐/ 심장 70, 척추 20, 배/ 소변 60, 팔/ 손/ 손가락 20, 다리/ 발 20, 앉은 자세 20, 음부 40, 피부 30, 영양 30, 신경근육 30, 성품 10, 다른 흠결 10, 합계 500"[20]

1927년 '태화여자진찰소'에서 있었던 '건강아동진단' 관련 『동아일보』 기사를 보면 연령에 따라 아동들을 나눈 후, 세밀하게 몸의 각 부분들을 분할하고, 그 각각의 상태에 점수를 부여했다는 것을 알 수 있다. 신장이나 몸무게와 같이 기계를 통해 측정할 수 있는 내용뿐만 아니라, 성품과 같이 객관적으로 측정하기 어려운 내용까지도 숫자로 표시되고 있는 점이 눈에 띈다. 이는 근대 과학의 무의식적 욕망을 잘 보여주는 것이다. 과학은 숫자와 함께 작동하고, 숫자는 질적인 것을 양적인 것으로 바꾸어 버린다. 측정 가능한 것만을 측정하여 숫자로 표현하는 것이 아니라, 측정할 수 없는 것마저도 숫자로 표현함으로써 존재하는 모든 것을 측정 가능한 것으로 만들어 버리는 것이다. 이러한 움직임이 일상화되었을 때 사람들은 더 이상 그것을 이상하다고 생각하지 않고, 당연히 그래야 하는 것처럼 인식하게 된다.

우량아선발대회는 일정한 형식을 갖고 있었다. 어머니들이 아동들을 데리고 오면, 의사들이 아동들을 측정하고, 그 결과에 따라 순서를 정하고 시상하는 방식을 취했다. 의사들의 축사나 강연회도 함께 이루어졌는데, 이는 우량아선발대회가 계몽의 차원에서 이루어졌다는 것을 드러낸다.

그런데 1등을 했다고 해서 해당 유아가 기뻐하지는 않았을 것이다. 기쁨의 주체는 해당 유아의 어머니였을 것이고, 입상을 하지 못했을 때 아쉬움의 주체도 어머니였을 것이다. 이는 우량아선발대회가 유아를 매개로 어머니들의 성취를 평가하는 행사였음을 보여 주는 것이다.

1927년 6월 6일자 『동아일보』는 「건강으로 상 탄 어린이」라는 제목으로 영아진찰시상식 기사를 사진과 함께 실었다. 등수는 당연히 점수에 따라 구분되었다. 1등은 496점을 받은 라종현이라는 아동인데, 사진에는 해당 아이를 안고 있는 어머니의 모습이 다른 어린이들과 함께 등장하고 있다. 어린이들의 시선은 제각각이다. 위를 바라보는 아이도 있고, 아래를 바라보는 아이도 있다. 심지어 1등을 한 아이도 옆을 바라보고 있다. 하지만 1등을 한 아이의 어머니만은 카메라를 쳐다보고 있다. 그 시선에서 느낄 수 있는 당당함은 인정받았다는 뿌듯함이 만들어 내는 것이다. 근대의 성취에 대한 근대로부

**태화여자진찰소
건강아동진단 풍경**
동아일보,
1927년 6월 4일

**「건강으로
상 탄 어린이」**
동아일보,
1927년 6월 6일

"풍족히 함유한 그 영양
툭 터질 듯한 이 건강!"

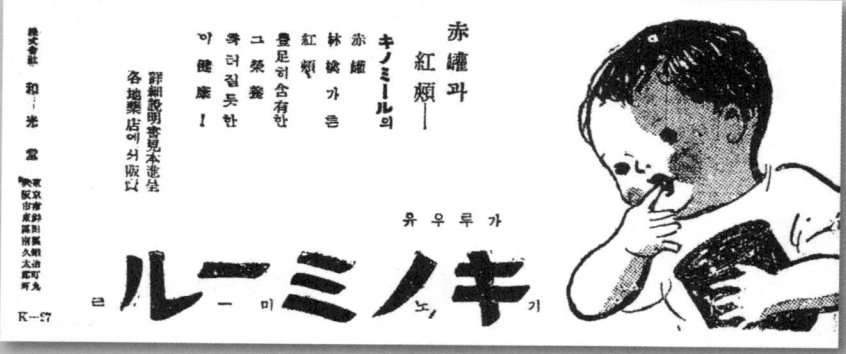

가루우유 기노밀 광고
동아일보,
1932년 10월 18일

터의 인정 말이다.

　우량아선발대회는 중심을 부여하는 하나의 움직임이었다. 중심이
설정되는 순간 모든 것들은 그 중심을 기준으로 재배열되고, 서열화
되며, 그 중심을 향하도록 방향성을 부여받는다. 중심에서 멀리 자
리한 것들은 바람직하지 못한 것으로 평가되고, 따라서 개선되어야
할 대상이 되어 버린다. 우량아선발대회에서 1위를 차지한 유아의
체중, 신장, 영양 상태는 다른 유아들보다 뛰어났을 것이다. 입상을
하지 못한 유아들이 입상하기 위해서는 그 기준에 따라 체중, 신장,
영양 상태를 향상시켜야 한다. 이미 중심이 자연스러운 것으로 자리
하는 공간에서 기준에 따르는 움직임은 어머니들의 욕망이 되어 치
열한 행위를 만들어 내었다.

　'가루우유 기노밀'이라는 제품 광고는 이러한 어머니들의 욕망을
자극하고 있다. 광고에는 가루우유 통을 한 손으로 껴안고, 다른 손
으로는 그 제품을 맛보는 유아의 모습이 등장한다. 이미지 옆으로
"가루우유 기노밀"이라는 제품명과 함께 "풍족히 함유한 그 영양,
톡 터질 듯한 이 건강"이라는 문구가 눈에 들어온다. 광고의 대상으
로 등장하는 가루우유는 '영양'을 풍족히 함유하고 있는 것으로 묘
사되고 있는데, 이는 영양이 유아의 건강을 만들어 낼 수 있다는 사
회적 이해에 기대고 있다. 광고에서 건강은 아이의 살찐 몸으로 표현

되고 있다. 이는 우량아선발대회에서와 마찬가지로 건강이 체중으로 측정될 수 있다는 이해가 반영된 것이다. 이 광고는 아이의 체중, 신장, 영양 상태를 향상시키는 것과 아이를 잘 키운다는 것이 서로 교환 가능한 것이었음을 잘 보여주고 있다.

신화 너머 신화 우량아선발대회는 해방 이후에도 계속되었다. 일제 강점기 동안의 우량아선발대회가 계몽에 초점을 두었다면, 해방 이후의 우량아선발대회는 자본의 욕망이 강하게 작용했던 행사였다. 1962년 2월 2일자『동아일보』에 실린 제6회 비락최우량아 선발대회 광고는 그 하나의 모습을 보여주고 있다. 1등상을 받은 아이의 모습과 함께 "비락 먹는 아가는 살이 포동포동 쪄서 우량아가 됩니다." 라는 표현에서 판매 확대를 향한 자본의 욕망을 읽어 낼 수 있다.

우량아선발대회가 사람들에게 널리 알려진 계기는 방송사에서 행사를 진행하면서부터였다. 1971년 문화방송은 남양분유와 함께 '제1회 전국우량아선발대회'를 개최하였다. 이 행사는 80년대 중반까지 계속되었는데, 10년 이상을 이어 간 행사의 영향으로 모유 대신 분유를 먹이는 움직임이 확대되었다. 분유회사로서는 행사를 통해 상당한 성과를 거둔 셈이다.

우량아선발대회가 개최되는 동안 계몽의 목소리는 사라지지 않

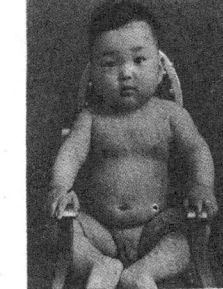

우량아 선발대회를
다시 불러들인 자본의
욕망은 계몽을 이야기하며
행사를 진행하였다.
하지만 이 행사는
인정에 대한 욕망, 허영,
두려움 등과 같은 신화적
내용들에 기대어 확대되었다.
이것이야말로 자본의
욕망이 의도하고 기대한
상황이 아니었을까?

왔다. 아니 언제나 전면에 나섰다. 여전히 과학과 의학의 이름으로 행사가 치러졌다는 말이다. 하지만 얼핏 그럴듯해 보이는 계몽의 목소리는 행사의 본질을 은폐하는 수사에 불과했다.

계몽이란 무엇인가? 아도르노Theodor W. Adorno와 호르크하이머Max Horkheimer는 계몽을 "탈마법화"로 정의하면서, "인간에게서 공포를 몰아내고 인간을 주인으로 세우는 목표를 추구"하는 일종의 신화해체 과정으로 정의하였다.[21] 하지만 이성에 기대어 신화를 해체하는 계몽의 움직임은 말처럼 쉬운 일이 아니다. 더욱이 마법이 사라지고 공포를 몰아낸 지점에 인간이 주인으로 자리할 수 있을지도 불확실하다. 그럼에도 불구하고 계몽의 목소리는 언제나 신화를 넘어설 수 있다고, 그리고 그 지점에 이성이 주인인 유토피아가 펼쳐질 것이라고 말해 왔다.

전근대적 믿음이 만연했던 일제강점기라는 시공간에서 이성과 합리성을 부르짖는 계몽의 목소리만으로 낯선 근대적 삶의 방식을 받아들이도록 만들 수 있다는 생각은 어쩌면 순진한 것이었는지 모른다. 그러한 생각을 받아들이는 이들은 우량아선발대회의 성공을 계몽의 성과로 돌리려고 할 것이다. 하지만 이 지점에서 우리는 인간이 생각만큼 그렇게 이성적인 동물이 아니라는 사실을 떠올려야 한다. 근대인들 역시 예외가 아니었다. 그들은 신화에 기대면서도 마치 그렇지 않은 것처럼 말하기를 즐겼다. 우량아 선발대회 역시 이러한 맥락에서 이해될 수 있다. 즉, 그것을 지탱한 것은 인정받고자 하는 어머니들의 욕망, 허영, 소외에 대한 두려움 같은 것이었다고 말이다.

때문에 어머니들로 하여금 유아를 데리고 행사에 참여하도록 한 것이 계몽의 효과라고 쉽게 이야기해서는 안 된다. 위생이나 영양, 그리고 각종 수치화된 기준과 그에 다가가기 위한 방법으로 근대 과학의 내용들을 적극 수용하도록 한 것의 정체도 계몽과 거리가 멀 수 있다. 우량아선발대회에서 수상을 했을 때 환호하고 수상하지 못했을 때 절망하게 한 것의 정체, 가루유유 광고에 주목하면서 기어이 그 제품을 구입하게 한 것의 정체는 의외로 이성보다는 신화에 가까울 수 있다는 말이다. 그렇다면 신화 너머에 자리하는 것은 탈마법화된 세계가 아니라 여전히 마법적인 세계라고 해야 하지 않을까?

5

문화주택

◆ 스위트 홈의 이미지, 행복의 소품들

새우잠을 자더라도 1920년대에 들어 경성으로 사람들이 몰려들었다. 조선총독부 기록물에 따르면 1920년경 25만 명이었던 경성부 인구는 1925년에 302,711명으로 늘어났고, 1930년에는 355,426명으로 증가했다.[1] 인구 증가율이 매 5년 간격으로 20퍼센트에 이르렀던 것이다. 여기에는 조선으로 이주해 온 일본인들이 한몫을 했다. 식민지 통치의 효율성을 위해 일제가 자국민들의 조선 이주를 권장했다는 것은 잘 알려진 사실이다.

하지만 당시 경성 인구 증가의 주된 요인은 자본주의 확장에 따른 사회구조의 변화에서 찾아야 할 것이다. 19세기 초 서구 유럽이 그랬던 것처럼, 일제강점기 자본주의의 확장은 도시를 노동력에 갈급한 곳으로 만들었다. 경성도 예외가 아니었다. 20년대에 이미 종로와 을지로를 중심으로 상점가가 형성되었고, 고무공장이나 방직공장들도 가동되고 있었다. 노동력에 대한 갈증은 도시에 거주하던 이들만으로 해소될 수 있는 것이 아니었다. 그것을 익히 알고 있던 자본주의는 영악하게도 일제와 결탁하여 농촌에서 먹잇감들을 준비하고 있었다. 고요함이 자리하던 농촌은 돈의 논리와 일제의 수탈이라는 이중의 침략으로 더럽혀졌다. 이로 인해 그곳에서 오랜 시간을 전통의 방식에 따라 살아왔던 이들의 삶은 토대부터 흔들리기 시작했다. 자본주의의 취기가 오른 근대도시들은 전통사회에서 튕겨져

1920년대 들어
경성에 공장들이
들어서기 시작했다.
1919년에 설립된
경성방직도 그중
하나다. 이러한
공장들은 도시로
사람들을 불러들였다.

"조선을 사랑하시는
동포는 옷감부터 조선산을
쓰십니다. 처음으로
조선 사람의 자본과 기술로
된 광목은 삼성표 광목,
삼각산표 광목"이라는
문구에서 알 수 있듯이
광고는 조선인들의
애국심에 호소하고 있다.
'Made in Korea'라는
영문이 눈에 들어온다.

나온 이들을 게걸스럽게 먹어치웠다.

근대도시 경성에 사람들이 넘쳐났다. 급속한 인구 증가는 심각한 수준의 주택난을 불러왔다. 1920년대부터 신문에는 주택 부족을 우려하는 목소리들이 지속적으로 등장했다. 1921년 9월 10일자『동아일보』에 실린「주택난의 활증거」라는 기사는 그중 하나다. 기사는 경성시내 가옥이 39,000호, 거주하는 가구 수는 54,000가구, 따라서 거주할 주택이 없는 가구 수가 15,000에 이른다고 구체적인 수치까지 들어가며 사태의 심각성을 지적하였다.[2]

집이 부족하면서 집값과 집세가 올랐다. 1924년 1월 27일자『동아일보』에는 당시의 상황을 엿볼 수 있는 이미지가「이것이 소위 공중누각」이라는 표현과 함께 등장한다. 아기를 업고 있는 여인과 갓을 쓰고 있는 남성이 높이 자리한 집들을 부러운 듯이 올려다보고 있다. 절벽이 접근할 수 없게 그들을 막아서고 있다. 화자인 인권식은 거기에 '집값'과 '집세'라고 적어 넣음으로써 그들을 막아선 것의 정체가 구체적으로 무엇인지를 명확히 드러내고 있다. 집값 상승의 주된 이유는 유입 인구의 증가와 그를 쫓아가지 못하는 주택상황에 있었다. 물론 주택난 해소를 위해 주택건설 조치들이 취해지기도 했다. 하지만 주택문제는 쉽게 해결되지 않았다.[3]

1934년 6월, 일제는 '조선시가지계획령'이라는 것을 공포했다. 식

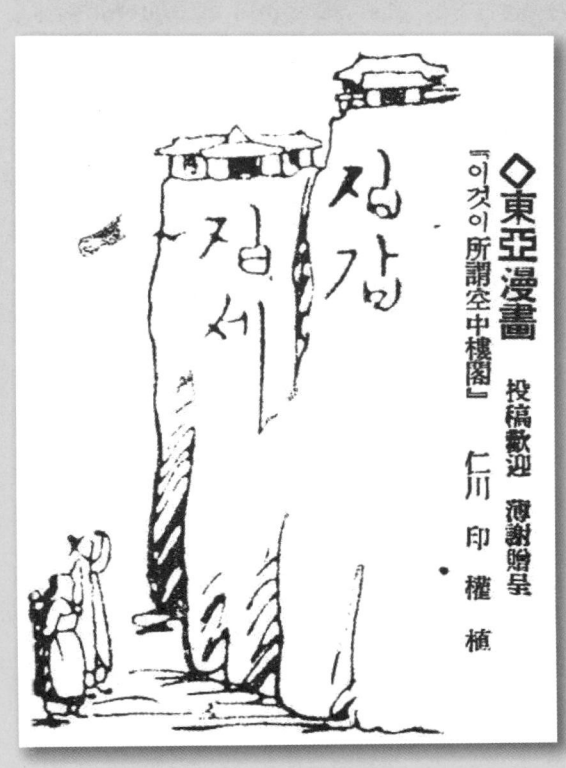

민지 조선의 토지와 인구를 효과적으로 관리하고, 대륙침략의 거점을 만들기 위한 의도에서 탄생한 이 계획령에 따라 경성은 상업지역, 공업지역, 주거지역 등으로 구분되었다. 현재의 종로와 을지로 등이 상업지역에 해당되었고, 왕십리와 신설동, 중림동, 공덕동, 영등포 등은 공업지역에 해당되었다. 공업지역에 해당되지 않은 4대문 밖은 주거지역으로 조성되어 개량한옥 위주의 가옥들이 들어섰다.[4]

그 때 들어선 개량한옥은 전통 한옥과 달랐다. 전통 한옥의 경우는 담장 안에 사랑채, 안채 등과 같은 몇 개의 건물들이 서로 떨어져 자리하였다. 건물들이 채로 구분되었기 때문에 자연스럽게 마당과 주변 여유 공간이 만들어질 수 있었다. 하지만 도시형 개량한옥은 채가 나누어지지 않았고, 하나의 건물을 'ㄴ자', 'ㄷ'자, 'ㅁ'자 형태로 만들어 공간을 구분하였다. 길과 건물 사이에 담장도 없었다. 때문에 길과 바로 인접한 개량한옥의 외벽이 담장 역할을 하였고, 그에 따라 창문의 위치는 높아졌다. 처마길이도 짧아졌다. 이는 제한된 공간에 많은 수의 한옥을 짓는 것이 경제적으로 유리하기 때문에 나타난 현상이었다.

당시 개량한옥들은 주택 업자들에 의해 지어졌기 때문에 '집장사 집'으로 불렸다. 바야흐로 집이 상품으로 존재하기 시작한 것이다. 그런데 집장사들은 왜 한옥 형태로 집을 지었을까? 이상하게 들릴지 모르지만, 당시만 해도 개량한옥을 짓는 것이 건축비가 적게 들었기 때문이다. 물론 초가집보다는 많은 비용이 들었을 것이다. 그러나 우리가 알고 있는 근대식 건물보다는 적은 비용으로 지을 수 있었다. 재료도 구하기 쉬웠고, 목수도 한옥을 짓는데 익숙한 목수가 구하기 쉬웠다.

개량한옥의 확산에는 구매력이 있는 조선인들의 계급상승에 대한 환상이 자리하고 있었다. 전통사회에서 기와를 얹은 한옥은 돈과 권력을 가진 이들의 주거형태였다. 비록 축소되고 변형된 것이기는 했지만, 개량한옥은 전통 한옥의 형상을 따르고 있었고, 따라서 그곳에 사는 이들에게 가진 자들의 무리에 포함된 것 같은 느낌을 자아냈다. 한옥이 주는 계급상승의 느낌은 소유자만의 것이 아니었다. 임대해 살던 이들도 다르지 않은 느낌을 가질 수 있었기 때문이다. 이러한 느낌이야말로 개량한옥을 선호하도록 만든 결정적 이유였다고 할 수 있다. 팔기 위해 집을 지었던 이들이 이러한 심리를 몰랐을 리가 없다. 그들이 한옥의 외형을 강조하는 방향으로 집을 지어 판 것은 바로 이 때문이다.

개량한옥들이 들어서기 전 경성 외곽지역은 공터였을지 모른다. 적어도 서류상으로는 말이다. 하지만 실제로는 공터가 아닌 곳들이 많았다. 그곳에는 당시 경성으로 유입된 이들이 토막집을 짓고서 살

헐리는 토막집
동아일보,
1935년 10월 1일

고 있었다. 개량한옥이 본격적으로 들어서기 시작한 30년대 중후반, 개발의 광풍은 이들을 위협하였다. 당시 신문에는 토막土幕 이전, 혹은 철거와 관련된 기사가 넘쳐났다.

> "경성부내 토막 소제 선풍이 이번은 동대문 밖 신당리에까지 불게 되었
> 다. 수일 전 경성부에서는 계획대로 신당리 내에 산재한 토막 200여 호
> 를 모조리 십일 내에 동소문 밖 정릉리로 철거하라고 명령하였다 한다."5

"토막 소제 선풍"이라는 표현은 당시 토막 철거가 얼마나 광범위하게 이루어졌는지를 느끼게 한다. 철거되는 토막에 살던 이들은 다른 곳에 또 다시 토막을 짓고 살았을 것이다. 이러한 광경은 그로부터 반세기가 지난 1980년대 전후, 동일한 공간에서 동일한 패턴으로 반복되었다. 단지 달라진 것이 있다면 토막집 대신에 달동네의 판잣집이, 개량한옥 대신에 아파트가 자리했다는 정도였을 뿐이었다. 그때도 판잣집에 살던 이들은 그곳을 벗어나 또 다른 곳에 판잣집을 짓고 살았다. 돈과 권력은 그렇게 스스로의 확대 재생산을 위해 개발을 욕망하고, 개발은 언제나 희생자들을 쏟아내면서 이루어진다는 사실을 이미 1930년대 토막집의 가련한 운명이 증명하고 있는 것이다. 어쩌면 역사는 그렇게 진보보다는 반복을 속성으로 하는 것

인지 모른다.

1935년 10월 1일자 『동아일보』에는 실제로 헐리는 토막집 사진이 실렸다. 사진 속 토막집의 모습을 보면 간신히 집의 형상을 유지하고 있다는 것을 알 수 있다. 그 안에서는 가난하고 고단한 일상이 반복되었을 것이다. 비가 오는 날에는 지붕 사이로 떨어지는 빗물을 받기 바빴을 것이고, 눈이 오는 겨울밤에는 새우잠을 자며 새벽이 오기를 기다렸을 것이다. 하지만 토막집에서 비참한 삶을 살았던 이들에게도 꿈에 그리는 집과 가정의 모습은 있었을 것이다. 풍요로움과 행복이 충만한 집! 그들이 꿈꾸었던 스위트 홈은 과연 어떤 모습이었을까?

문화주택 1925년 9월 1일자 『동아일보』는 목포에서 발생한 한 소송사건을 다루었다. 아마도 누가 사기를 쳤던 것 같다. 기사에는 "문화주택에서 이상생활이라도 훌륭하게 할 수 있다고 꼬이면서……"[6]라는 피해자의 진술이 등장한다. 이 표현은 당시 사람들에게 문화주택이 어떤 의미를 갖고 있었는지 잘 보여주고 있다. 이상적인 생활이 이루어지던 집, 그 이름만으로도 사람들을 유혹할 수 있었던 매력적인 집! 과연 문화주택이란 어떤 집이었을까?

다이쇼 시대(1912~1926)가 시작될 무렵, 일본에서는 '문화'라는 말이 유행했다. 당시 문화라는 말은 메이지유신 이래 일본인들이 선망하던 서구의 근대적 사고와 생활방식을 총체적으로 의미했다. 일상에서도 뭔가 새롭고 긍정적인 것을 지칭할 필요가 있을 때마다 문화라는 용어가 사용되었다. 이 말이 유행하면서 문화냄비, 문화곤로, 문화목욕탕 등과 같은 합성어들이 따라서 등장했다.[7] 문화주택이라는 용어도 바로 이때에 만들어졌다.

일본에서 유행하는 것들은 거의 동시에, 혹은 늦어도 1~2년 후면 조선에서도 유행했다. 문화라는 용어에 대한 일본에서의 열기 또한 조선으로 전해졌다. 1919년, 3대 총독으로 조선에 온 사이토 마코토齋藤實가 그해 9월 '문화통치'를 공표한 것 역시 이러한 흐름과 무관하지 않을 것이다. 1920년대에 본격적으로 등장하기 시작한 신문이나 잡지에도 '문화발전', '문화생활', '문화향상', '문화운동'과 같은 표현들이 빈번하게 나타났다. '문화주택'이라는 용어는 1920년대 중반부터 매체에 등장하기 시작한다.

"미국에서 유행하는 근대식으로 서른네 채의 굉장한 사택을 짓는데 삼년의 세월과 칠십만 원의 금액이 들었다고 합니다. 붉은 지붕만 보고 감옥 같다고 하는 사람도 있으나 속에 들어가 보면 이상적으로 된 문화주택이라 합니다."[8]

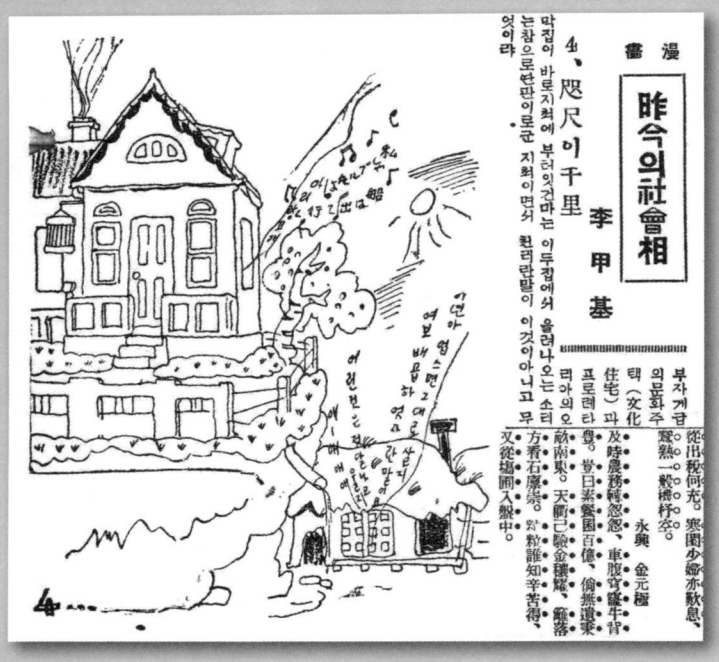

1924년 6월 29일자 『동아일보』의 '내 동리 명물'이라는 코너에 실린 이용구의 글이다. 그는 문화주택을 미국에서 유행하는 근대식 주택이라고 말하고 있다. 빨간색 지붕, 많은 비용과 오랜 건축 기간, 이상적인 실내……. 하지만 이것만으로 문화주택이 어떤 모습이었는지를 파악하기는 어렵다. 물론 기사는 문화주택을 담은 사진을 함께 보여 주고 있다. 그러나 사진의 낮은 해상도 때문에 구체적인 문화주택의 모습을 떠올리는 것은 쉽지 않다.

1931년 1월, 『동아일보』는 '작금의 사회상'이라는 시리즈 기사를 내보냈다. 이 시리즈는 설명글과 함께 그림 이미지를 함께 실었다. 그 네 번째 시리즈인 「지척이 천리」라는 기사에 문화주택의 모습이 등장한다. 그림으로 표현된 문화주택은 다락방이 있는 2층 건물인데, 외형은 방갈로 스타일에 가깝다. 뾰족지붕과 그 사이로 돌출된 박공창이 인상적이다. 현관과 베란다는 물론이고 화초와 나무들로 채워진 정원도 보인다. 이런 방갈로 스타일의 건물은 20세기 초(1895~1935) 미국에서 중산층의 주거 양식으로 크게 유행했다.[9]

이갑기는 문화주택을 오두막과 대비시키고 있다. 그림 속 문화주택은 크고 화려하다. 하지만, 그 옆에 있는 오두막은 작고 초라하다. 문화주택의 굴뚝에서는 연기가 피어오르고 있지만, 오두막의 굴뚝은 꺼져 있다. 기사가 등장한 시기가 한겨울이라는 사실을 고려할 때, 문화주택의 온기는 오두막의 냉기와 대조를 이룬다. 게다가 문화주택에서 나온 오수는 배관을 따라 오두막으로 흘러들어 가고 있는 것으로 표현되어 있다. 무엇보다 이 두 가정에서 흘러나오는 소리는 너무도 다르다. 문화주택에서는 행복한 노랫소리가 들리지만, 오두막에서는 애 우는 소리와 부부싸움 소리가 그칠 줄을 모른다.

1936년 1월 3일자 『조선중앙일보』에도 문화주택의 사진이 등장한다.[10] 사진 속 문화주택은 이갑기가 그림으로 재현한 것과 같은 방갈로 스타일의 건물이다. 정원의 나무들과 어우러진 2층 건물의 모습은 서구적 향취를 강렬하게 풍기고 있다. 아치형 창문에서는 금방이라도 화려한 드레스를 입은 금발머리 공주님이 얼굴을 내밀 것만 같다. 그런데 사진이 포착한 풍경은 80여 년 전의 모습이다. 당시 어린 공주님이 그곳에 살았다고 하더라도 지금은 이 세상 사람이 아닐 것이다. 그렇게 시간은 흘렀다. 시간의 무게로 인해 촌스럽게 느껴질 만도 하지만, 사진 속 문화주택은 여전히 화려하고 매력적이다.

문화주택은 방갈로 스타일의 건물만을 의미하는 것이었을까? 1928년 9월 6일자 『동아일보』는 독일 베를린에 있는 공동주택의 모습을 지면에 담았다. 르코르뷔지에Le Corbusier의 근대 건축을 떠올리게 하는 이 건물은 방갈로 스타일과 거리가 멀다. 흥미로운 점은 이

**문화주택의
모습**
조선중앙일보,
1936년 1월 3일

**독일 베를린의
문화주택**
동아일보,
1928년 9월 6일

러한 외양적 차이에도 불구하고 '문화주택'이라는 용어로 건물을 묘사하고 있다는 사실이다. "사진은 독일 백림[11] 최신식 문화주택인데 가장 근대적 건축이요 공동주택으로 여러 가지 설비가 문화적이어서 이상향의 실현이라고 호평이 자자"라고 말이다. 이는 전통 한옥의 모습과 다른 서구 스타일의 건축물들을 부러움과 놀라움의 시선으로 바라볼 때 문화주택이라는 용어가 사용되었음을 보여주는 것이다.

즐거운 나의 집　1926년 11월, 개벽사는 기존에 발행되던 『개벽』 대신에 『별건곤』이라는 새로운 취미잡지를 출간하였다. 이 잡지는 계몽적인 기고문은 물론이고 소설, 영화, 여행, 유행 등 일상의 다양한 정보들을 담아내며 1934년까지 발간되었다. 잡다한 일상의 문화를 다루던 이 잡지가 문화주택과 그곳에서의 삶을 놓칠 리가 없다. 문화주택이라는 용어는 창간호에서부터 등장한다.

"돈이나 있으면 교외에 집이나 잘 지어놓고─소위 문화주택이라는 것으로─어여쁜 여자와 같이 살며 피아노나 울리고 레코드나 듣고 홍차나 마셔 가며 유탕삼매遊蕩三昧[12]에 젖어 버리든지"[13]

화자인 팔봉은 문화주택이 구체적으로 어떤 형상을 하고 있는지에 대해 말하지 않는다. 다만 '피아노'와 '레코드'에서 음악이 울려 퍼지고, 예쁜 여자와 '홍차'를 마셔 가며 삶을 즐길 수 있는 집으로 묘사하고 있을 뿐이다. 당시 피아노와 레코드는 아무나 소유할 수 있는 물건이 아니었다. 홍차 역시 아무나 즐겼던 음식은 아니었을 것이다. 이러한 사실을 통해 볼 때, 문화주택은 부유한 일부 계층만의 주거 공간이었음을 어렵지 않게 유추할 수 있다.

그런데 문화주택에서의 삶에 대한 팔봉의 이야기는 추상적으로 들린다. 이러한 느낌은 화자가 문화주택에서 생활하는 주체가 아니라는 사실에서 비롯된 것이다. 위 글은 가을이 되어 쓸쓸한 기분에 빠져든 화자의 몽상을 표현하고 있다. 따라서 그 묘사가 현실적일 리가 없다. 문화주택에서 삶의 모습이 구체적으로 어떤 것이었는지를 알기 위해서는 그곳에서 생활해 본 주체의 이야기를 들어야 한다. 1928년 12월에 발행된 『별건곤』에 등장하는 양주삼梁柱三 같은 이의 이야기를 말이다.

> "현재에 우리 가옥으로 말씀드리자면 순양제純洋制도 아니요 조선제朝鮮
> 制도 아닌 동서절충식이올시다. 안방과 건넌방은 조선식 온돌이고, 위
> 층은 명색이나마 양식으로 하여 놓았으며, 재래 조선식의 주방이 불완

전한 것을 크게 느낀 까닭에 주방을 특별히 개량하여 구식舊式과 같이 남이 보는 데서 음식을 요리하거나 상배[14] 보는 일이 없게 하였고, 또 연료를 경제經濟하기 위하여 부엌에 걸은 솥에서 밥을 짓지 아니하고 화덕(신식화덕)에서 밥을 짓습니다. 그리고 연료는 석탄을 때는 것이 장작보다 퍽 경제가 되는 까닭에 항상 석탄을 사용합니다."[15]

양주삼은 1879년 평안남도 용강에서 태어나, 미국 유학까지 다녀온 개화된 지식인이었다. 귀국 후 기독교계의 거물로 활발한 활동을 했고, 해방 후에는 대한적십자사 총재를 지냈다. 하지만 친일활동을 이유로 반민특위의 조사를 받기도 했다.[16] 위의 글은 그가 감리교의 회장격인 초대 총리사가 되기 2년 전의 생활을 담고 있다.

글에서 양주삼은 자신의 집이 서구와 전통이 결합된 절충식이라고 말하고 있다. 아마도 안방과 건넌방의 온돌 때문에 그렇게 말한 것으로 보인다. 하지만 글의 내용을 토대로 추측해 보건데, 그의 집은 서구적 스타일, 특히 방갈로 스타일의 건물이었을 것으로 추측된다. 신식화덕에서 연탄을 사용하는 부엌을 가진 2층 집이 초가집이나 개량한옥일 리가 없기 때문이다.

"음식으로 말씀드리자면, 조선의 구식에는 중등 생활되는 사람은 의

례히 조반석죽朝飯夕粥[17]이라는 말이 있지만 나는 그와 반대로 조죽석반 朝粥夕飯을 합니다. 아침에는 버리[18]죽, 혹은 쌀죽, 그렇지 않으면 빵이 나 기장죽에 계란 한 개와 차 한 잔이고, 점심과 저녁에는 육종肉種, 채 소 등의 한두 가지 반찬과 밥을 먹습니다. 모르는 사람은 저 사람은 날 마다 서양요리를 하여 먹고 호화로운 생활을 한다고 하지만 실제 계산 을 따져 보면 조선재래식으로 해 먹는 것보다 도리어 경제가 됩니다. 그리고 시간경제를 하기 위하여 식사 시간을 일정하게 하고, 먹을 때에 는 전 가족이 한 상에서 먹고, 반찬이나 밥도 모두 도거리로 놓고 개인 은 각각 공기로 먹게 합니다. 그러니까 밥이 남던지 반찬이 남아도 항 상 수컷[19]이 되어 그것을 다시 먹던지 남을 주어도 마음에 깨끗합니다. 그것도 지금에 말씀하기는 쉬운 것 같으나 실시하느라고 퍽이나 고심 하였습니다. 제일에 우리 어머니 같은 노인은 처음에 공기 밥을 드리니 까 걸인 대접하는 것 같다고 퍽 불만족하게 생각하십디다. 그러나 오래 실행을 하니까 지금은 도리어 그것을 좋게 생각하십니다."[20]

이 글은 1928년 말에 쓴 것이다. 지금으로부터 거의 100여 년 전의 모습이라는 말이다. 하지만 아침에는 밥이 아닌 죽이나 빵을 차와 함께 즐기고, 저녁에는 고기와 야채를 반찬으로 먹는 삶! 시간을 아 끼기 위해 식사 시간을 일정하게 지키고, 위생을 생각해 개인 공기를

이용하며, 경제성을 삶의 중요한 가치 기준으로 삼는 양주삼의 생활
은 오늘날 중산층의 삶과 크게 다르지 않다.

"그 다음에 의복으로 말씀하면 아이들은 물론이고 어른의 양복 셔츠
까지라도 순백색을 입지 않습니다. 흰옷은 어느 점으로 보던지 경제이
지 못하고 재미가 업습니다. 그 외에 특별이 실행하는 것은 가계부올시
다. 우리 조선 사람은 남의 나라 사람에 비하면 계산을 그리 밝게 하지
않는 것 같습니다. 그중에 집안의 살림살이는 전연 계산이 없는 것 같
습니다. 그와 같이 계산을 밝히지 않고서야 그 살림을 어찌 잘 하겠습
니까. 나는 1915년에 결혼하여 소위 가정생활이라는 것을 시작한 뒤로
지금까지 13년 동안을 하루도 빠지지 않고 가계부를 꼭 실행하였습니
다. 그리하여 몇 해 전에 풀 한 푼어치나 과자 몇 개 사다먹은 것까지도
다 기록되어 있습니다. 이것은 누구든지 실행하면 필요할 줄로 생각합
니다."21

양주삼과 그의 가족은 흰옷을 입지 않았다. 그 이유를 그는 경제적
이지 못하고 재미가 없기 때문이라고 밝히고 있다. 양주삼은 동시대
의 서구 부르주아와 동일하게 사고하고, 동일하게 느끼고, 동일하게
생활했던 합리적인 인물임에 틀림없다. 1915년부터 13년 동안 하루

도 빠지지 않고 가계부를 쓸 정도가 아닌가? 그것도 과자 몇 개 사다 먹은 것까지 자세하게 말이다. 이것은 그가 대단한 인내심과 경제관념으로 무장한 이였음을 보여 준다.

그는 양복을 입었다. 아마도 당시 인사동에 있었던 '서울호' 같은 가게에서 와이셔츠를 구입했을 것이다. 신문에 등장한 광고를 보고, 그 속에 등장한 와이셔츠 입은 서구인의 모습에 매료되어, 그와 자신을 동일시하면서 스트라이프가 있는 와이셔츠만을 고집했을지도 모른다.[22] 그런데 '서울호'에서는 와이셔츠를 신학기 학용품들과 함께 팔았다. 일종의 잡화점이라는 이야기다. 어쩌면 이런 잡화점은 자신과 어울리는 곳이 아니라고 생각했을 수 있다. 더욱이 그곳은 종로의 인사동에 있는 가게가 아닌가? 인사동보다야 을지로나 명동이 더욱 근대적인 공간이고, 따라서 자신에게도 어울리는 곳이라고 생각했을 것이다. 그렇다면 양주삼은 미쓰코시백화점이나 조지야백화점의 고객이었을 가능성이 높다.

양주삼이 이야기하고 있는 삶은 문화주택 자체의 건축적 특성도 특성이겠지만, 그곳에 배치된 사물들로 인해 가능했다. 규칙적인 삶을 산다는 것은 시계와 시간표에 따르는 삶을 산다는 이야기이고, 화덕에서 밥을 짓는다는 것은 입식생활을 한다는 이야기다. 입식생활을 하는데 전통적인 상에서 밥을 먹었을 리 없고, 전통적인 상을 이용하지 않았다는 것은 의자와 식탁을 사용했다는 이야기가 된다.

양복을 입는다는 것은 다리미가 있다는 것이고, 다리미가 있는데 전기를 사용하지 않았을 리 없다. 아마도 양주삼은 자기 집의 실내를 밝히기 위해 경성전기주식회사가 미국 GE에서 수입해 판매했던 마쓰다B 와사팔 전구를 사용했을 것이다.[23] 마쓰다Mazda는 GE가 1909년에 개발하여 1945년까지 판매했던 텅스텐 필라멘트 전구의 상표였다. 이 전구는 대범하게도 자신을 태양의 유일한 라이벌이라고 생각했다.[24] 하지만 태양은 이 전구의 존재를 몰랐다. 1923년 5월 22일 『동아일보』 광고에서도 마쓰다 전구는 태양을 배경으로 포즈를 취하고 있었다.

1927년부터 경성방송국JODK은 라디오 방송을 시작했다. 당연히 양주삼의 집에도 라디오가 있었을 것이다. 아마도 "조선초유의 라디오 전문점"이라고 광고했던 '구미양행'에서 구입한 라디오였을 것이다.[25] 1927년 6월 26일 일요일! 이날 양주삼은 오후를 라디오[26]를 들으며 보냈을지도 모른다. 12시 30분부터 경성방송국은 세마치장단을 기본으로 하는 서도잡가, 즉 평안도와 황해도 지역의 노래를 내보냈다. 아마 「적벽가」였을 것이다. 제갈공명이 남병산에 올라가 동남풍을 불게 해달라고 비는 광경을 묘사한 바로 그 노래 말이다. 아무리 제갈공명의 영웅담을 담은 노래라고는 하지만, 이미 충분히 근

서울호
와이셔츠 광고
동아일보,
1923년 3월 27일

GE 마쓰다
와사팔 전구 광고
동아일보,
1923년 5월 22일

대화된 양주삼에게 적벽가는 매력적으로 들리지 않았을 수 있다. 그에게는 오히려 1시부터는 방송된 의학박사 임창훈의 「여름과 위생」이라는 강연이 더 와 닿았을 것이다. 1시 50분에 강연이 끝나자 「천기예보」코너가 이어졌다. 내일도 더위는 계속 이어진다고 한다. 2시가 되자 뉴스가 시작되었다. 문득 이 뉴스를 끝으로 오후 방송이 끝난다고 생각하니 양주삼의 마음 한 구석에는 아쉬움이 스쳐 지나갔을 것이다. 다시 라디오를 들으려면 오후 6시 30분까지 기다려야 한다. 당시만 해도 라디오 방송시간은 그렇게 제한적이었다.

양주삼의 집에 라디오가 있었다면 레코드도 당연히 있었을 것이다. 이미 1920년대 초만 하더라도 축음기를 수입 판매하는 수입상들이 본정이라 불렸던 명동 일대에 많이 있었다. 양주삼은 어디서 축음기를 구매했을까? 주식회사 일본축음기상회의 축음기를 염가로 구매했을 수 있다.[27] 아니면 '삼광사 양악기점'에서 미국에서 만든 브런즈윅Brunswick 축음기를 구입했을 수도 있다.[28] 스피커 부위의 문을 여닫으면서 소리의 크기를 조절할 수 있는 축음기, 다시 말해 축음기라고 하기보다는 최고급 예술품이라고 해야 할 것 같은 그 기기를 말이다. 어쩌면 그는 이것이 문화주택에 어울린다고 생각했을 것이다. 적어도 '정본양악기점'에서 판매하던 축음기를 접하기 전까지는 말이다. 그곳에서 판매하는 축음기의 소리통은 마치 활짝 핀 꽃과 같다. 게다가 독일산 축음기가 아닌가?[29]

축음기로 음악을 들으려면 당연히 소리판들이 있어야 한다. 아마도 양주삼은 '일본축음기상회' 경성지점에서 판매하던 소리판들을 구입했을 것이다. 1925년 10월 7일 『동아일보』에 실린 일본축음기상회 경성지점의 소리판 광고는 매력적이다. 오른쪽에는 그 회사 소속 예술가인 심해향씨가 우아한 자태로 자신의 음악을 듣고 있는 모습이 자리하고 있다. 1934년 조선미술품전람회 입선작인 김기창의 「정청」이라는 작품을 연상시키는 이 이미지를 만일 양주삼이 보았다면 그렇게 우아한 표정으로 음악을 듣겠다고 다짐했을 것이다.

이 광고에서 정작 흥미로운 것은 판매하는 소리판들이 어떤 음악들을 담고 있는지 그 구체적인 곡명들을 나열한 부분이다. 오른편 가까이로 「How Firm a Foundation」, 「Annie Laurie」, 「Oh! My Darling Clementine」, 「When You and I Were Young」과 같은 노래들이 "주민난자들의 견고한 터", "하늘가는 밝은 길이", "내 사랑아", "우리가 젊었을 때"와 같은 낯선 번역들과 함께 등장한다.

"주민난자들의 견고한 터"로 번역된 「How Firm a Foundation」은 유명한 찬송가다. 기독교계의 거물이었던 양주삼이 이 음반을 가지고 있지 않았을 리 없다. 음악을 들으며 그는 신의 온화한 미소와 그 주위를 감싸고 있는 천사들을 보았을 것이다. 「When You and I Were

Young」에는 'Maggie'가 빠졌다. 이 노래는 "옛날에 금잔디 동산에 매기 같이 앉아서 놀던 곳. 물레방아 소리 들린다. 매기. 내 사랑하는 매기야"라는 가사로 유명한 「매기의 추억」이라는 곡이다. 「Oh! My Darling Clementine」 역시 "넓고 넓은 바닷가에 오막살이 집 한 채. 고기 잡는 아버지와 철모르는 딸 있네."라는 가사로 알려진 「클레멘타인」이라는 익숙한 노래다. 클레멘타인은 1849년 황금을 찾아 미국 서부로 몰려든 포티나이너forty-niner들이 만든 노래로 알려져 있다. "하늘가는 밝은 길이"라고 번역된 「Annie Laurie」는 스코틀랜드 민요로, 애니 로리의 아름다운 사랑을 노래하고 있다. 가사의 일부를 들어보자. "아침이슬 빛나는 아름다운 맥스웰턴 언덕에서 애니 로리는 사랑을 맹세했지. 난 그녀의 진실한 약속을 결코 잊지 못하리. 사랑하는 애니 로리. 내 마음에 살리라."

이러한 서구의 음악들을 들으며 양주삼은, 아니 문화주택에서 살던 이들의 감수성은 전통과 멀어졌을 것이다. 아름다운 맥스웰턴 언덕에서 사랑을 맹세한 애니 로리처럼, 그들은 즐거운 그들의 집에서 근대인이 되겠다고 맹세했을 것이다. 진실로 말이다.

스위트 홈을 위한 소품들 1921년 4월 9일자 『동아일보』에는 김활란의 이야기가 등장한다. 김활란은 이화학당을 졸업하고 미국 유학

구미양행의 라디오 광고.
"조선초유의 라디오 전문상"
이라는 문구가 인상적이다.
동아일보,
1927년 1월 16일

경성방송국 JODK의
라디오 방송 프로그램 안내
동아일보,
1927년 6월 26일

을 통해 철학박사 학위를 받았다. 이후 이화여자대학교 총장 등을 지내며 여성 활동가로서 이름을 날렸던 인물이다. 1921년 4월 9일자 『동아일보』에 실린 「오락은 화평의 근본」[30]이라는 기사에서 그녀는 행복한 가정을 위한 취미생활에 대해 이야기한다. 그런데 김활란이 이야기한 내용은 당시 부르주아 가정의 실내 풍경과 그곳에서의 사물들, 그리고 그것들과 관계하는 그들의 몸짓이 어떤 것이었는지를 보여 주고 있다.

김활란은 우선 그림을 언급한다. 종교가 있는 가정에서는 위대한 종교인의 가장 희생적인 정신을 발휘할 때의 모습을 재현한 그림을 걸고, 만일 여유가 없다면 신문에 있는 풍경 그림이라도 벽에 붙이라는 것이다. 이러한 그의 언급에서 부르주아의 과시적 욕망을 엿보았다고 한다면 지나치게 예민한 것일까? 취미라는 것은 개인적인 선호의 문제일 텐데, 아이러니하게도 취미생활을 언급하는 김활란에게서는 이러한 개인을 찾아보기 어렵다. 오히려 그는 타인의 시선에 화답하는 사회적 행위로 취미생활을 바라보고 있는 것 같다.

이러한 이해는 이어지는 음악에 대한 이야기에서도 동일하게 나타난다. 음악 이야기를 하지만, 구체적인 음악에 대해서는 이야기하지 않는 아이러니가 반복되고 있는 것이다. 대신 그는 피아노의 필요성에 대해 이야기한다. 만일 피아노가 힘들면 풍금이라도 좋다고

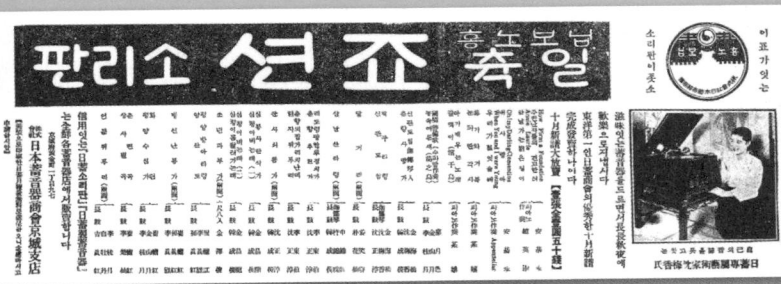

삼광사 양악기점의
브런즈윅 축음기 광고
동아일보,
1924년 7월 14일

정본양악기점의
축음기 광고
동아일보,
1925년 1월 28일

닙보노홍 일축
조선 소리판 광고
동아일보,
1925년 10월 7일

지적하면서 말이다.

이어 김활란은 조선인의 가정에 화단이 드문 것을 개탄하며 화초밭의 필요성을 언급한다. 그곳에서 자라는 꽃과 풀들을 보면 정신이 맑아진다는 설명도 빼놓지 않는다. 화단의 위치도 정해 준다. 안마당 문간에 두는 것이 좋다고 말이다. 김활란이 상상하는 가정에는 목욕실도 있다. 물론 어린이가 놀 수 있는 공간도 있다. 그곳에서 부모는 저녁을 먹은 후에 어린 아이들과 함께 독서하며 시간을 보낸다.

김활란의 이야기를 듣고 있노라면 어떤 이미지가 그려진다. 그것은 앞서 이갑기가 그린 그림 속 문화주택의 이미지일 수도 있고, 『조선중앙일보』에 실린 문화주택 사진일 수도 있다. 이것들과 김활란 이야기 속 풍경이 겹치는 부분은 엄밀히 말해 꽃과 풀들이 있는 화초밭밖에 없다. 하지만 그것은 이갑기의 그림이나 『조선중앙일보』에 실린 문화주택 사진이 외형만을 보여 주고 있기 때문이라고 할 수 있다. 만일 그것들이 내부의 모습을 보여 주었다면 공통점은 더 많았을 것이다. 아니, 정확히 겹쳐졌을 것이다. 사실, 목욕실과 어린이가 놀 수 있는 공간을 별도로 만들어 낼 수 있는 집, 벽에는 풍경화가 걸려 있고 피아노가 어울리는 집, 저녁 식사 후 아이들과 책을 읽는 취미생활을 할 수 있는 집은 당시에 문화주택밖에 없었다고 해도 과언이 아니다. 그렇다면 김활란의 이야기는 바로 그 문화주택 내부의 풍경을 묘사하는 것이라고 할 수 있다.

"어느 가정에든지 때로 피아노 소리가 울려 나오거나 미럿따운 풍경화
가 한 장이 걸려 있다 하면 그 가정의 단란하고 평화로운 소식은 반드
시 그 한 곡조 울림과 한 폭 그림에서 얻어듣고 볼 수가 있을 것이라 합
니다."[31]

1921년 2월 26일자 『동아일보』에 실린 「회화와 조선여자」라는 글에
서 나혜석은 단란하고 평화로운 가정과 벽에 걸린 그림이 얼마나 밀
접한 관계에 있는지를 지적하고 있다. 이러한 지적을 그녀가 화가였
기 때문에 하는 말로 받아들여서는 안 된다. 오히려 이것은 서구 부
르주아의 삶을 경험한 신여성, 문화주택 내부의 풍경을 경험했던 근
대화된 주체의 목소리로 보아야 한다.

　김활란과 나혜석은 풍경화를 공통적으로 이야기하고 있다. 풍경
화, 그것도 자연을 담은 풍경화야 말로 부르주아의 욕망과 밀접하
게 관계된 그림임에 틀림없다. 자연을 감상의 대상으로 바라보는 낭
만주의의 출현 이후, 그러한 풍경화는 부르주아의 가정으로 빠르게
스며들었다. 풍경화는 삭막한 자본주의 도시에는 자리할 수 없는 자
연, 그래서 산으로 들로 도망쳐 버린 자연을 안락하고 평화로워야

할 공간인 가정으로 가져오겠다는 부르주아의 모순된 의지가 만들어 낸 산물이다. 때문에 그것이 숭고한 자연의 모습이라면 더 바랄 나위가 없을 것이다.

김활란과 나혜석의 이야기를 듣고 있노라면 내용이 탈색된 형식을 향한 맹목을 엿보게 된다. 물론 그들의 목소리에 예술과 문화를 향한 의지가 없었다고는 할 수 없을 것이다. 하지만 부르주아로 보이길 바라는 키치적 욕망이 그 의지를 덮어 버릴 만큼 강했던 것은 아닐까? 그들의 이야기가 형식적으로 들리는 것은 바로 이 때문일 것이다.

김활란과 나혜석이 공통적으로 이야기했던 것은 그림만이 아니다. 그들은 피아노를 빼놓지 않았다. 피아노! 이것이야 말로 부르주아의 문화주택과 유난히 가까운 사물이다. 앞서 팔봉의 글에도 그랬지만, 당시 문화주택과 피아노를 관계시키는 글은 매우 많다. 심훈의 영화소설 『탈춤』에도 문화주택과 피아노를 관계시키는 표현[32]이 등장하고, 최독견의 소설 『황원행荒原行』에도 피아노는 문화주택 주위를 서성거린다.[33] 사실 피아노는 동서양을 구분하지 않고 부르주아의 아이콘으로 존재해 왔다.

"부르주아 가정의 전형적인 악기 형태는 정교하고 값비싼 극히 대형의

"밀레의 명화 「만종」이 찢겨져, 미친 사람의 면도칼에"라는 제목의 기사에 등장한 그림 이미지다. 이 그림은 1859년 전후에 제작되었다. 부르주아들은 이 그림을 좋아 했다. 아마도 황혼 무렵에 수확에 감사하며 삼종기도를 드리는 농부의 모습이 순종적으로 보였기 때문일 것이다. 하지만 애초에 밀레는 무고한 죽음을 애도하기 위해 이 그림을 그렸다. 지인의 만류로 감자로 바뀌기 전까지 바구니에는 굶어 죽은 어린아이의 시체가 담겨져 있었다. 감자로 바뀌면서 그림의 의미는 변했다. 이후 「만종」은 수많은 복제품들로 만들어져 부르주아 가정의 벽을 장식했다. 물론 그들은 감사기도를 드리는 순종적인 농부의 모습만을 보았다.

악기, 즉 피아노였다. (……) 부르주아풍의 실내란 피아노 없이는 제대로 갖추었다고 할 수 없었다. 피아노 없는 부르주아 집안의 따님이란 어불성설이었다."[34]

에릭 홉스봄은 19세기 중반 유럽 부르주아 가정을 묘사하면서 피아노가 그들의 계급적 정체성을 특징짓는 중요한 사물이었다고 지적한다. 이런 맥락에서 보면, 앞서 그림에서 이갑기로 하여금 문화주택과 오두막에서 울려 퍼지는 소리의 차이를 주목하게 한 것은 아마도 피아노 소리였는지 모른다. 맑고 청아한 매력적인 피아노 소리는 문화주택의 이미지와 함께 조선인들의 귀를 사로잡은 신화 속 세이렌의 노랫소리였다.

"서양 사람이 많이 모여 사는 데가 서울 안에는 정동입니다. 정동 거리를 지나자면 유리창 열린 곳에서 피아노 소리가 흘러나오고 뜰 나무 벌어선 사이에 사紗[35] 옷자락이 날립니다. 이것은 참 서양 사람의 촌이구나 하고 누구나 생각하게 됩니다."[36]

1924년 7월 30일자 『동아일보』 '내동리 명물' 코너에 등장하는 정동의 풍경이다. 문화주택의 열린 창문 사이로 울려 퍼지는 피아노 소리를 들으며 걸어가는 여인은 무슨 생각을 하고 있을까? 조선에서도 피아노는 이내 부르주아의 계급적 지표가 된다. 아니 이 시기에 이미 피아노는 그러한 지위를 확보했다고 보아야 한다.

1922년 『개벽』에 발표된 현진건의 「피아노」라는 소설은 당시 이 악기가 어떠한 의미를 가진 사물이었는지 명확히 보여 준다. 소설에 서 주인공 부부는 이상적인 가정의 모습을 연출해내기 위해 테이블, 유리그릇, 소파, 양복장 등을 들여놓는다. 그것은 모두 서구적 생활 을 영위하는 데 필요한 사물들이었다. 그러던 어느 날 아내는 이상 적인 가정에서 빠져서는 안 될 사물을 하나 떠올리는데, 바로 피아 노였다. 피아노를 들여놓고 부부는 만족해한다. 그런데 부부는 곧 자신들이 피아노를 칠 줄 모른다는 사실을 깨닫는다. 어쩌면 그들에 게 피아노를 치는 것은 중요한 일이 아니었는지 모른다. 마치 김활 란이 음악 그 자체보다 피아노에 집착했던 것처럼 말이다. 이러한 사 실 때문에 소설 속 주인공 부부는 서로가 피아노를 칠 줄 모른다는 사실에도 불구하고 즐거워할 수 있었던 것이다.

김활란은 저녁을 먹은 후에 아이들과 함께 책을 읽으라고 이야기 했다. 김활란이 책을 주목하는 것은 그가 박사학위를 받고, 총장까 지 지낸 지식인이었기 때문이 아니다. 이 시기에 이미 책은 그림이 그 랬던 것처럼, 그리고 피아노가 그랬던 것처럼 이상적인 가정의 풍경

213

을 만들어 내는 데 필수적인 소품이었다. 이러한 인식에 따라 서재는 부르주아 가정의 필수적인 공간으로 자리 잡았던 것이다. 실제로 1930년 10월 9일자 『동아일보』에 실린 "유일한 휴양처 안락의 홈은 어떠하게 세울까"라는 기사에서 김윤기는 응접실, 식당 등과 함께 서재에 대해 언급한다.

"응접실: 응접실은 객과 요담[37]하는 접대하는 곳입니다. 즉 사랑입니다. 현관이나 문간 부근에 두는 것이 보통이니 넓을 필요도 없고 한 간 반이나 두 간 방이면 좋습니다. 적은 주택은 한 간 방도 좋으나 의자식으로 하면 좋습니다. 또 작은 주택은 서재와 겸합니다. 실내는 될수록 양식으로 취급하여, 즉 의자식으로 하여 사무적으로 설계할 것입니다.
서재: 서재는 주인의 방이니 만일 학자풍의 사람이라면 도서관식으로 할 것이며, 사무 보는 집이면 사무실풍으로 취급할 것입니다. 작은 주택은 물론 주인실과 객실서재가 공용이 됩니다. 방위는 한적한 곳이 좋으며 방음적으로 할 것입니다. 책상은 좌편으로 광선을 취하여 밝도록 해야 합니다. 가구로서는 책상, 의자, 책장 또는 안락의자가 필요합니다.
식당: 하루에 세 번밖에 사용치 아니함으로 보통 주택에는 식당을 독립 설치할 필요도 없습니다. 가족실을 겸용하는 것이 좋습니다. 식당을 설치하려면 주방과의 관계 또는 식탁과 의자 배치 같은 것을 고려할 것

슈만이 살았던
공간
동아일보,
1935년 6월 20일

「내동리 명물,
정동 서양인촌」
동아일보,
1924년 7월 30일

이 이미지는 당시
부르주아들에게 이상적
가정의 풍경이 어떤
것인지를 구체적으로
보여 주고 있다. 책장,
책, 그림, 실내 장식품,
그리고 피아노.

입니다."[38]

김윤기가 묘사하는 가정의 풍경은 양주삼이 살던 실내와 많은 부분 겹쳐진다. 그곳에서의 생활 모습도 다르지 않았을 것이다. 기능에 따라 실내공간을 욕실, 화장실, 응접실, 서재, 식당 등으로 구분하고, 각각의 공간에 해당되는 활동들을 떠올리며 살았다는 점에서 말이다. 김윤기가 집의 주인을 학자풍의 사람과 사무 보는 이들로 나누고 있는 부분도 흥미롭다. 어쩌면 그는 당시 자신의 이야기를 들어줄 이들이 두 종류의 사람밖에 없다는 사실을 잘 알고 있었는지 모른다.

또 하나 주목할 점은 서재에 자리하는 가구들이다. 책상과 의자는 물론, 책장과 안락의자까지 그가 언급하는 가구의 종류는 다양하다. 김윤기의 글이 등장하고 1년 후인 1931년 7월 20일자 『동아일보』에 「근대의 서재」[39]라는 글이 실렸다. 여기에는 김윤기가 언급했던 가구 이외에도 소파와 응접 테이블이 추가된 구체적인 서재 이미지가 등장한다.

당시 이러한 가구들을 구하는 것이 어렵지는 않았을까? 경성에 사는 사람들, 무엇보다 그것을 구입할 경제적인 여유가 있는 이들에

김윤기의 「유일한 휴양처
안락의 홈은 어떠하게 세울까」
라는 글예 등장하는 평면도
동아일보,
1930년 10월 9일

근대의 서재
동아일보,
1931년 7월 20일

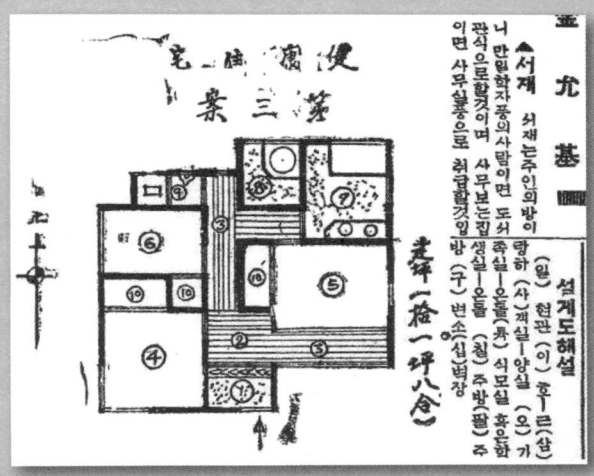

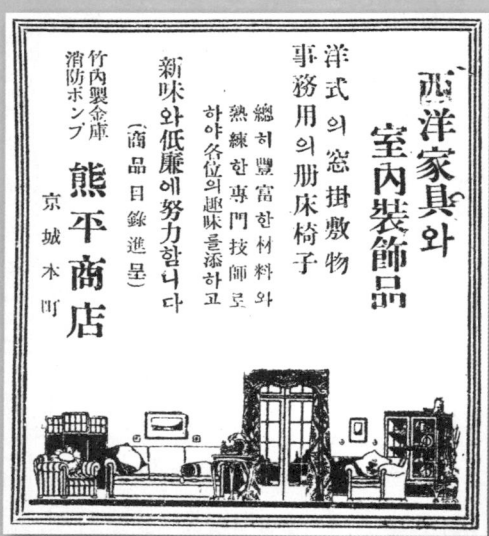

웅평상점
'서양가구와 실내장식품' 광고
동아일보,
1923년 8월 15일

세계대중문학전집
광고
동아일보,
1928년 3월 3일

게는 그리 어려운 일이 아니었다. 1921년 7월 24일자『동아일보』에
는 최신식 유행가구 일체를 취급한다고 밝히고 있는 '백년목공장'의
광고가 등장한다. 중앙에 자리하는 안락의자는 김윤기가 이야기한
서재에 자리함직하다. 1923년 8월 15일자『동아일보』를 보면 본정
에 있었던 '웅평상점'에서도 다양한 서양가구들을 취급하고 있었다
는 것을 알 수 있다.[40] 이렇게 서양가구를 판매하는 가구점들이 있었
다는 것은 당시에 그만큼 수요가 있었다는 의미일 것이다.

　실제로 1927년 1월 13일자『동아일보』에는 평양에서 목수로 성
공한 최창호의 이야기가 등장한다. "나는 우리 조선가정에서 흔히
사용하는 재래의 롱보다도 장래가 유망한 서양가구를 더욱 연구하
여 왔음으로 대정팔구년도[41]부터 서양가구의 판로가 상당하여졌습
니다."[42] 라는 그의 말을 통해 1920년부터 서양가구에 대한 수요가
급격히 증가하였다는 사실을 알 수 있다.

　1920년대는 근대학교가 확대되었던 시기다. 그에 따라 다양한 책
들이 유통되었다. 오늘날 우리가 알고 있는 괴테의「파우스트」, 빅
토르 위고의「레미제라블」, 톨스토이의「부활」, 도스토예프스키의
「죄와 벌」, 세르반테스의「돈키호테」 등의 명작들은 이 시기에 소개
되어 정전으로 자리 잡았다.

　무엇보다 당시 전집류의 책들이 활발히 유통되었다는 점에 주목

해야 한다. 전집이야말로 부르주아의 허영과 밀접한 관계를 가지는 것이기 때문이다. 허영은 타인의 부러워하는 시선을 먹고 자란다. 허영의 몸짓들이 나타나는 것은 자신에게 뿌려지는 그 시선이 너무도 달콤하기 때문일 것이다. 당시가 서구적 삶이 부러움의 대상으로 자리하기 시작한 때였다는 사실, 지식이 출세의 길로 인식되기 시작한 시기였다는 사실을 주목할 때, 허영의 매개로서 책에 대한 욕망은 분명 존재했다고 할 수 있다. 때문에 당연히 허영이 만들어 내는 책의 소비도 존재했을 것이다. 책장을 마련하고 전집류의 책들을 도열시키는 방식으로 말이다. 피아노를 치지 못해도 가정에 그것이 존재한다는 사실만으로도 웃을 수 있었던 사람들은 전집류를 안전하게 품고 있는 책장을 곁에 두는 것만으로도 충분히 행복할 수 있었을 것이다. 이러한 소비행태는 이후 수많은 가정에서 지속적으로 반복되었다.

다시 김활란의 이야기로 돌아가 보자. 그녀는 여성운동가답게 조선의 남자들이 아내나 가족에게 상냥하지 못한 것을 비판하였다. 그녀는 남성들의 태도가 바뀌어야 한다고 주장한다. 김활란에게 이러한 변화는 태도에만 국한된 것이 아니었다. 실제로 가족과 이야기를 나누고, 집 정리와 청소를 하는 구체적인 행위로 이어져야 하는 것이었다. 그녀는 미국의 루스벨트도 대통령으로서 바빴지만 가정에 돌아와서는 가족과 대화하고 청소하는 것을 낙으로 삼았다고 지적하면서, 조선의 남자들에게 바쁘다고 핑계대지 말라고 말한다.[43]

이러한 그녀의 주장은 남녀평등의 차원에서 이루어지는 것처럼 보인다. 하지만 자세히 들여다보면 그녀가 떠올린 스위트 홈의 이미지를 완성하기 위해 그러한 주장을 펴고 있다는 것을 알 수 있다. 아버지가 빠진 가정, 남편이 가정적이지 않은 가정의 풍경은 완벽한 스위트 홈의 모습일 수 없기 때문이다. 조선 남성의 변화는 바로 그 이미지의 완성을 위해 필요했던 것이다.

지금까지 이야기를 종합하면 하나의 이미지가 완성된다. 풍경화를 품은 액자가 벽에 걸려 있고, 응접실에는 피아노가 자리하고 있다. 정원에는 잘 다듬어진 나무가 자라고, 다양한 꽃들이 아름다움을 뽐낸다. 남편은 언제나 일찍 귀가한다. 자신의 놀이 공간에서 놀고 있던 아이들이 뛰쳐나와 아빠를 반갑게 맞이한다. 가족이 모여 앉아 저녁을 맛있게 먹고 난 후 책을 읽으며 이야기를 나눈다. 축음기에서는 '애니 로리'가 울려 퍼진다. 음악소리 때문이었는지 갑자기 딸이 일어나 피아노를 치겠다고 나선다. 미소를 머금은 딸은 가족들이 지켜보는 가운데 피아노 건반을 두드리기 시작한다. 울려 퍼지는 청아한 소리에 맞춰 가족이 함께 노래를 부른다. "즐거운 곳에서는 날 오라 하여도 내 쉴 곳은……"

6

백화점

◆

거부할 수 없는 자본주의의 유혹

백화점을 백화점이게 하는 것 "만물상은 (……) 현대 백화점과 조금도 다름없는 형태였다."[1] 1963년 2월 26일자 『경향신문』의 한 기사는 한국 백화점의 기원을 200년 전 서울 종각에 있었던 만물상에서 찾고 있다. 글의 화자가 이러한 주장을 펴는 이유는 단순하다. 당시의 만물상이 오늘날의 백화점과 마찬가지로 다양한 제품들을 취급했다는 것이다. 이야기는 얼핏 그럴듯하게 들린다. 하지만 백화점을 이러한 방식으로 정의한다면, 그 이름이 품을 수 있고, 또 품어야 하는 대상들의 수는 헤아릴 수 없을 만큼 많아진다. 마트라고 불리는 대형할인매장은 물론이고, 잡화상이나 편의점, 심지어 시골의 구멍가게마저도 백화점이라는 이름으로 품어 안아야 하는 것이다.

하나의 매장은 다루는 상품의 종류나 수 때문에, 다시 말해 그곳에서 판매하는 상품의 종류가 다양하고 수가 많다는 이유만으로 백화점이 되는 것일까? 물론 수와 종류도 중요하다. 하지만 보다 중요한 것은 판매되는 상품들의 새로움, 고유의 판매 방식, 더 나아가 매장의 규모와 화려함일 것이다.

그렇다고 이것들만으로 백화점이 살아 움직일 수 있다는 이야기는 아니다. 그의 육중한 몸집을 움직이기 위해서는 신체 곳곳을 지속적으로 흘러 다니는 또 다른 요소들이 필요하다. 일종의 신경물질 같은 것 말이다. 아마도 백화점을 바라보는 사람들의 들뜬 시선과 환상이 여기에 해당될 것이다. 이성의 통제를 벗어난 쇼핑의 몸짓, 생활 속을 헤집고 스며드는 쇼핑의 흔적들도 빼놓을 수 없다. 백화점은 그렇게 복잡하고 까탈스러운 유기체인 것이다.

예언자 아케이드 처음 백화점이 태어난 곳은 파리였다. 19세기의 파리, 그곳은 산업자본주의가 세계정복을 위해 전열을 가다듬던 자본주의의 작전본부이자 실험실이었다. 당시 새롭게 부상한 부르주아는 자신들이 세계의 주인임을 삶의 형식과 내용을 통해 드러내고자 했다. 하지만 엄밀히 말해 그들은 자본주의의 아바타에 불과했다. 자본주의는 인간들의 사치와 허영이, 그리고 그들의 꿈과 환상이 자신의 세계정복 과정에서 중요한 양식이 될 것이라는 사실을 이미 알고 있었다. 그러한 자각을 기다림의 창고 속에 묵혀 둘 자본주의가 아니었다. 자본주의는 신속하게 사치와 허영이 끓어오르는 공간, 꿈과 환상이 상품을 통해 구체화되는 공간, 그리하여 누구든 쉽게 소비를 피해 갈 수 없는 마법의 공간을 탄생시켰다. 백화점이 바로 그것이다.

백화점의 탄생은 우발적인 사건이 아니었다. 기관총의 호흡으로 상품을 쏟아내는 공장들이 하나 둘 등장하면서 그것들을 소비할 새로운 시장이 필요했다. 자본주의 사회에서 상품이란 화폐로 전환되어야 하는 운명을 가지고 태어난 존재였고, 시장만이 그것을 가능하게 만들어 줄 수 있기 때문이다. 이러한 필요에 대해 산업자본주의는 두 가지 방향으로 대응하였다. 19세기 후반부터 본격화된 식민지 개척이라는 제국주의적 움직임은 분명 그 하나에 해당된다. 하지만 이 움직임은 첫 번째 움직임이 포화상태에 이르렀을 때에야 비로소 나타난 현상이라고 해야 할 것이다. 그에 앞서 뭔가가 있었다는 이야기다. 그것은 다름 아닌 새로운 상품판매 공간의 출현이었다. 18세기 말부터 유행하기 시작한 아케이드는 이러한 맥락에서 주목해야 할 대상이다.

아케이드는 골목 위에 철재로 틀을 만들고 그 위에 유리를 덮은 건축적 구조물이다. 이 구조물은 마차들의 공간이었던 골목, 그래서 행인이 지나다니기에 위험한 공간이었던 좁은 파리의 골목을 보행자들의 피난처로 만들었다. 피난처로서의 아케이드는 행인을 마차로부터만 보호한 것이 아니었다. 아케이드는 눈이나 비와 같은 궂은 날씨를 피하게도 해 주었다. 세차게 비가 쏟아지는 날, 유리지붕의 품 안에서 한번이라도 비를 피해 걸어 본 행인이라면 분명 그 건축적 구조물에 고마움을 느꼈을 것이다.

그렇다면 누가 이렇게 선한 일을 했을까? 이 물음에 답하기 위해서는 건축물로서 아케이드를 보다 세밀하게 관찰해야 한다. 사실 아케이드는 철과 유리로만 구성된 것이 아니다. 그것은 필연적으로 골목 양옆에 있는 건물들의 외벽을 필요로 했다. 이것은 건물 소유주들의 동의 없이는 아케이드가 설치될 수 없다는 의미이기도 하다. 무엇이 그들을 동의하게 만들었을까? 19세기 중엽의 파리 모습을 담았던 『그림으로 보는 파리 가이드북』에는 건물 소유주들이 왜 아케이드를 설치하거나 설치에 동의했는지를 보여주는 표현이 등장한다. "투기를 위해 힘을 합쳤던 것……."[2] 아무도 쳐다보지 않던 골목, 그 남루한 골목에 눈길을 준 것은 다름 아닌 돈을 향한 욕망이었던 것이다.

아케이드는 단순히 길이 아니다. 그것은 교통의 공간이면서 동시에 시장이기도 했다. 따라서 아케이드의 내부는 상품들의 천국일 수밖에 없었다. 상품, 그것은 팔려지기를 기다리는 존재들의 이름이다. 이 용어를 들으면서 제품만을 떠올려서는 안 된다. 그것이 무엇이든 팔려지기 위해 존재하는 것들은 모두 상품이기 때문이다. 공장에서 제조된 제품은 물론이고, 땅이나 나무와 같은 자연물, 화폐, 심지어 인간마저도 상품이 될 수 있는 것이다. 특히 인간상품, 즉 상품으로서의 인간은 산업자본주의가 존재하는 데 필수적인 요소임을 잊어서는 안 된다. 그것은 노동력이라는 이름으로 인간을 거래하는 생산 영역에만 해당되는 이야기가 아니다. 소비의 공간에서도 인간시장은 열렸다. 매춘이야말로 인간상품이 아니고 무엇이겠는가?

　초기 아케이드에도 매춘부들이 자리하고 있었다. 이는 당시 아케이드를 오가던 이들이 주로 남성이었다는 사실을 드러낸다. 남자들은 아케이드 속의 매춘부들을 제비라고 불렀다. 매춘부들은 아케이드 내부의 창문, 특히 2층 창문에서 지나가는 남성들을 유혹했다. 벤야민은 이곳을 "남자들이 '제비'라고 부르는 천사들이 둥지를 틀고 있는 합창대석"[3]이라고 표현하였다. 하지만 매춘부는 점차 아케이드에서 사라져 갔다. 매춘부들을 주목하던 시선은 자연스럽게 다른 상품들로 향했다. 매춘부들이 아케이드에서 사라지던 시기는 여성들이 새로운 소비의 주체로 등장하기 시작한 시기와 겹쳐진다. 하지만 이러한 흐름이 본격화되기 위해서는 조금의 시간이 더 필요했다.

　유리 지붕을 타고 쏟아지는 빛은 아케이드 내부의 상품들을 매력적인 것으로 표현하였다. 처음에 행인들은 마차나 비를 피해 아케이드로 들어갔을지 모른다. 하지만, 아케이드가 품은 화려한 상품들의 유혹은 그 자체로 볼거리였고, 사람들은 점차 구경을 목적으로 그곳에 몰려들었다. 시선이 상품 하나하나를, 그리고 행인 하나하나를 애무하듯 훑고 지나가도록하기 위해서 그들은 최대한 나른한 리듬으로 걸었다. 거북이를 데리고 산책하는 이들도 있었다. 이러한 행위를 당시 사람들은 우아하다고 인식했다.[4] 매일같이 산보에 나서는 산책자들도 있었다.[5] 마침내 산책자들은 구경을 넘어 매혹되기 위해 그곳을 찾았다. 자본의 욕망이 기다리던 순간이 도래한 것이다. 그 욕망은 거북이의 호흡에 맞춰 산보하는 구경꾼들의 호주머니에서 때 묻은 동전과 구겨진 지폐조각들을 낚아챘다.

19세기 중반까지만 하더라도, 아케이드를 바라보는 자본주의의 시선은 자식에게 보내는 아버지의 시선과 같이 부드러운 것이었다. 부드러운 시선이 뿌려질 때마다 아케이드는 자신이 상속자가 될지 모른다고 상상하였다. 하지만 아케이드의 상상은 백화점으로 인해 깨졌다. 백화점의 등장은 아케이드가 상속자가 아닌 단순한 예언자에 불과하다는 사실을 드러내었다. 18세기 말 파리의 골목에서 태어나 산책자들을 불러 모으고, 그들의 시선을 상품에 고정시켰으며, 종국에 가서는 자본주의의 신민으로 다시 태어나도록 만들었던 아케이드의 화려한 업적은 결국 백화점의 탄생을 예고하는 전주곡이었던 것이다.

1912년에 쓰여진 『프랑스 상업사』에서 E. 르바쇠르E. Levasseur는 백화점의 시대는 제2제정기에 비로소 시작되었고, 1870년 이후 크게 발전하였다고 적고 있다.[6] 제2제정기가 시작된 1852년은 아리스티드 부시코Aristide Boucicaut가 후일 백화점의 전설이 된 봉마르셰의 공동 경영자가 된 해였다.[7]

하지만 어떤 짧은 역사적 순간에 백화점이 탄생했다고 단정 지어서는 안 된다. 백화점이 탄생하기까지는 오랜 시간이 필요했다. 간밤에 쉬지 않고 내린 눈송이들이 포개져 하얀 눈밭이 만들어지는 것과 같이, 백화점을 탄생시키기 위한 움직임은 19세기 내내 이어졌다고 해야 할 것이다. 기계생산방식의 출현에 따른 아케이드의 등장과 마가쟁 드 누보테라 불렸던 신유행품점의 확산은 그 출발점이었는지 모른다. 도시의 밤을 밝힌 가스등이 19세기 초 보급된 것도 백화점을 만들어 낸 작지만 중요한 사건이었다. 오스망Georges-Eugène Haussmann의 파리 개조사업과 그에 따른 대로의 등장, 박람회, 부르주아적 라이프 스타일의 성립에 이르기까지 백화점이라는 눈밭을 만들어 낸 눈송이들의 모양과 크기는 다양했다. 이전의 사건은 새로운 사건을 만나 더욱 반짝였고, 새로운 사건은 또 다른 사건과 만나 더욱 분명한 형상을 드러내었다. 그 결과 1870년경 드디어 백화점의 전형적인 모습이 파리에 등장한 것이다.

백화점, 식민지 경성을 점령하다 파리에 백화점이 화려하고 웅장한 모습을 드러내던 1800년대 말, 조선은 비로소 굳게 닫혔던 나라의 문을 열었다. 그것은 슬픈 역사의 시작이었다. 고요한 아침의 나라는 곧 청과 일본, 러시아 등 주변 강대국들의 각축장으로 변했다.

주도권 확보를 위해 일본 정부는 조선으로의 이주를 장려했다. 많은 일본인들이 국가의 정책에 화답하였다. 개항 당시 82명에 불과했던 일본인은 1895년에 12,303명, 1905년에는 42,460명으로 늘어났다.[8] 일본인 수는 특히 19세기를 마무리하는 시점에 발발한 청일전쟁과 20세기의 출발점에 있었던 러일전쟁을 기점으로 급속히 증가하였다. 왜 이 시기였을까? 그 이유를 알기 위해서는 당시 조선으로 몰려들었던 일본인 상당수가 상업에 종사했다는 점에 주목해야 한다.

1895년, 청일전쟁은 일본의 승리로 끝났다. 역사의 상당한 시기를 중국의 눈치를 보며, 그 그늘에서 살아왔던 일본인들에게 청일전쟁에서의 승리는 승리 이상의 것이었다. 그들은 승리의 기운에 흠뻑 취했다. 메이지유신 이후 서구를 닮기 위해 분투해 온 자신들의 노력을 추억하며 말이다. 아마도 당시 동양에서의 패권을 쥐게 된 자신들을 대견해하지 않은 일본인은 없었을 것이다.

청일전쟁의 승리로 일본은 한반도에서 주도권을 쥐게 되었다. 일본은 거기에 만족하지 않았다. 독을 품은 촉수들이 대륙을 향해 끊임없이 뿌려졌다. 10년 후, 러일전쟁이 발발한 것은 우연이 아니다. 이 전쟁에서도 일본은 승리를 거두었다. 하지만 그것은 큰 희생을 담보로 한 아픈 승리였다. 그럼에도 불구하고 일본인들은 희생이 아닌 승리만을 보려고 애썼다. 그것은 그들의 탐욕과 오만함이 이미

돌아올 수 없는 강을 건넜다는 증거였다.

탐욕스러운 이빨을 드러낸 침략의 촉수들이 제국을 향해 질주할 때 조선으로 이주해 온 일본 상인들도 함께 달렸다. 한편으로는 어수룩한 조선인들을 상대로 박래품으로 유혹하며, 다른 한편으로는 군부를 상대로 군수물자를 조달하며, 그들은 그렇게 쉬지 않고 부를 축적해 나갔다. 그들 중에는 상당한 성공을 거둔 이들도 있었다. 조선에서의 성공담은 일본 전역으로 퍼져 나갔다. 반세기 전 캘리포니아에서 금광이 발견되었다는 소문에 기대어 서부로 몰려들었던 미국인들처럼, 한반도에서의 성공담은 일본인들을 다시 한반도로 불러들이는 촉매제 역할을 했다.[9]

조선은 일본인들에게 기회의 땅이었다. 러일전쟁이 막 시작된 1904년 4월, 고바야시 겐로쿠는 부산에 조지야양복점을 개업하였다. 역시 러일전쟁이 한창이던 1905년 1월, 잡화점인 미나카이상점이 대구에 문을 열었다. 미나카이상점은 1907년 미나카이오복점으로 이름을 바꿨고, 그로부터 4년 후인 1911년 3월, 경성에 본점을 개설하였다. 1906년 10월에는 미쓰코시오복점 경성출장소도 문을 열었다. 그 해는 미쓰이오복점이 주식회사 미쓰코시오복점으로 개명하며 '백화점 선언'이라는 것을 일본에서 발표한 다음해였다. 히라다상점도 이 시기 경성에 진출하였다.[10]

이들 상점들은 모두 오복점이었다. 오복점이란 일본의 전통의복을 만드는데 필요한 직물 원단이나 관련 장신구들을 판매하는 곳으로, 일종의 포목점 성격을 지닌 매장을 말한다. 러일전쟁 이후 일본인이 경영하는 오복점이 연이어 들어선 것은 당시 일본인들의 수가 그만큼 많았음을 보여주는 것이다. 국권을 상실한 1910년, 그 수는 171,543명이었고, 이들 중 43,106명이 경성에 거주하였다.[11] 식민지 시기가 본격적으로 시작되면서 그 수는 더욱 더 늘어났고, 그에 따라 오복점도 번성하였다. 당시 오복점은 일본인들을 상대하는 매장이었기 때문에 판매되는 상품은 물론이고 건물마저도 그들에게 친숙한 일본식으로 지어졌다.

1916년, 미쓰코시백화점 경성출장소가 3층 건물을 짓고 문을 열었다. 하야시 히로시게林廣茂는 이것을 조선 백화점의 효시로 보고 있다. 미쓰코시백화점을 시작으로 기존의 오복점들도 본격적으로 성격을 바꾸기 시작하였다. 1921년에 조지야백화점, 1926년에 히라다백화점, 1929년에 미나카이백화점이 백화점의 모습으로 문을 열었다.[12] 이때부터 백화점의 규모는 물론이고 건물의 외형도 달라지기 시작했다. 20여 년 전 오복점이 처음 들어설 때만 하더라도 일본식 스타일의 외관을 고집했던 모습은 이제 찾아볼 수 없었다.

1930년, 지금의 명동 신세계백화점 자리에 새롭게 들어선 미쓰코

일제강점기 경성
미쓰코시백화점
우측 건물

1930년 개점 당일
미쓰코시백화점

시백화점은 그 변화의 정점이었다. 지하 1층 지상 5층으로 된 르네 상스풍의 건물이 그 웅장한 모습을 드러냈을 때, 사람들은 꿈과 환 상의 세계가 자신들 앞에 마법처럼 등장했다고 믿었다. 미쓰코시는 이제 단순히 직물원단을 판매하는 곳이 아니었다. 일상에서 사용되 는 거의 모든 상품을 판매하는 말 그대로 백화점이었다. 물론 여기 서의 일상이란 일본인들의 일상을 의미한다. 다시 말해, 그곳에서 판 매되는 물건들은 일본인들의 생활을 위한 것들이었다는 이야기다. 물건 역시도 일본에서 제조되고 수입된 것들이 대부분이었다.

식민지 조선에서 일본인들은 더 이상 이방인이 아니었다. 그들은 오히려 스스로를 주인이자 일등 시민으로 인식하였다. 오복점, 그리 고 그로부터 발전한 백화점은 바로 이들의 삶이 불편하지 않도록, 더 나아가 이들의 우월한 삶이 지속될 수 있도록 만들어 주기 위해 존재했다. 일본인들에 의해 만들어진 백화점의 이러한 성격은 일제 강점기 내내 유지되었다.

나르키소스의 거울

"사랑에 빠졌을 때 우리는 깨닫는다. 그토록 완고하게 닫혀 있던 이 세 계가, 단 한 사람의 존재만으로도 휘청, 흔들릴 수 있다는 것을. 사랑 에 빠졌을 때 우리는 깨닫는다. 바닷물에 잉크를 떨어뜨린 듯, 아무리

애를 써도 꿈쩍하지 않던 세상이, 단 한 사람을 사랑하는 일만으로도 완전히 헝클어져 버릴 수 있다는 것을."[13]

사랑, 그것은 운명처럼 등장한 어떤 대상과의 만남으로부터 시작된다. 사랑에 빠진 사람은 자기 앞에 자리하는 대상이 바로 자신이 사랑하는 그 대상이라고 믿는다. 하지만 이 둘, 즉 자신이 바라보는 대상과 자신이 사랑하는 대상은 서로 다르다. 사랑에 빠진 이가 사랑하는 것은 대상의 이미지이지 대상 그 자체는 아니다. 마그리트는 「연인」이라는 그림을 통해 그 차이를 위트 있게 표현한 바 있다. 나르키소스의 거울을 사랑의 원천이라고 본 조르조 아감벤이 주목한 부분도 바로 이것이었다.[14] 만일 이미지와 대상 사이의 간극이 없다면, 즉 거울에 비친 이미지가 자기 자신이라는 것을 인지했다면, 나르키소스의 사랑은 가능하지 않았을 것이다. 사랑이란 대상을 앞에 두고서도 대상의 이미지에 빠져 실제 대상을 마주할 수 없을 때에만 가능한 것이다.

그렇다면 누군가를 사랑에 빠지도록 만드는 대상의 이미지는 어디에서 유래하는 것일까? 당연히 대상으로부터 유래하는 것이겠지만 핵심적인 부분, 다시 말해 사랑을 가능하게 하는 결정적인 부분은 그 대상이 만들어 내는 것이 아니다. 오히려 그것은 사랑에 빠진

이가 스스로 만들어 내는 것이라고 해야 할 것이다.

　일제강점기의 조선인들은 백화점과 사랑에 빠졌다. 그들이 만난 백화점의 이미지, 그들이 만들어 낸 백화점의 이미지는 과연 어떤 것이었을까? "화신, 삼월(미쓰코시) 백화점에만 갔다 오면 곧 불란서 파리를 갔다 온 것처럼 아름다운 미인도 될 수 있"[15]다는 여성 언론인 정칠성의 『동아일보』 기고는 1930년대 중반 이 땅에 살았던 이들의 백화점에 대한 인식을 적나라하게 보여주고 있다. 사랑에 빠진 이들의 시선 앞에 백화점은 마술적 공간으로 비춰졌던 것이다.

　누군가 말했다. 사랑의 반대말은 미움이나 증오가 아니라 무관심이라고 말이다. 만일 우리가 이 말을 긍정할 수 있다면, 대상에 대한 관심이야말로 사랑의 구체적 징후라고 할 수 있을 것이다. 일제강점기 조선인들이 백화점과 사랑에 빠졌다면 그들은 분명 강렬한 관심을 백화점에 보였을 것이다. 1931년에 등장한 다음 글은 백화점에 대한 당시의 관심이 어떤 것이었는지를 보여준다.

　"시내 욱정旭町 야야촌겸일野野村兼一은 금 삼십일 오전 중에 경기도 경찰부 보안과에 경성 유람버스 허가원을 제출하였다. 유람버스는 지방 사람이나 또는 외국 사람들이 경성 유람을 올 때에 유람객을 자동차에 싣고 시내 유명한 건물과 창경원, 신사 등과 유명한 백화점을 자동차

불야성 이룬 백화점
동아일보,
1932년 11월 22일

로 안내하기로 된 것이다. 요금은 2원 20전이라는데 보안과에서는 원
서를 접수하고 고려 중이라 한다."[16]

욱정旭町은 남촌을 말한다. 아마도 야야촌겸일野野村兼一이라는 일본
인이 유람버스라는 것을 도입하여 돈을 벌고 싶었던 모양이다. 그의
희망이 이루어졌는지는 알 수가 없다. 그런데 여기서 흥미로운 것은
경성 유람의 핵심 장소로 창경원, 신사와 더불어 백화점이 이야기되
고 있다는 사실이다. 이는 백화점이 당시 경성의 명소로 자리하고 있
었음을 보여 주는 것이고, 사람들의 관심의 대상이었음을 드러내는
것이다. 실제로 사람들은 자신들의 호기심과 관심을 충족시키기 위
해 백화점 주위를 서성거렸다. 『삼천리』에 실린 다음 글은 당시의 이
런 분위기를 잘 담아내고 있다.

"3층으로 올라가니 3층 전부가 양품부인데 장차 닥쳐올 가을과 겨울
을 맞이하여 새로이' 눈에 띄는 스타일의 양품과 신유행의 물건들이 많
이 벌려져 있어 '모단' 급의 남녀들의 발꿈치를 멈추게 한다. 허나 처음
부터 이 점내에 들어와서 인상되는 것은 손님은 그렇게 많은데 물건을
사러 온 손님들은 극히 드물고 대부분은 일없이 지나는 서울 장안사
람, 구경 좋아하는 시정인들의 심심소일로 들어온 무리가 대부분인 것

을 즉각 알 수가 있다. 그리고 한 가지 눈에 띄는 것은 시골풍의 사람
들이 많이 보이는 것이다. 거리로 다니는 사람들은 그렇게 많음을 볼
수 없으나, 이 안에 들어온 사람의 3분지 1은 시골 사람들같이 보이는
것으로 미루어 아마 서울에 올라온 시골 사람들은 기어이 이 '화신和信'
을 구경하고 간다는 생각에서 몰려든 모양이다."17

글의 화자는 백화점을 단순히 상품 판매소라는 맥락에서 바라보고
있다. 이러한 맥락에서 보았을 때 물건을 구입하기 위해 온 손님들은
찾아보기 어렵고 구경하러 온 사람들이 넘쳐나는 것은 문제일 수 있
다. 화자의 이해처럼 백화점은 무엇인가를 파는 곳이다. 하지만 백화
점은 동시에 구경의 장소이기도 하다. 화자는 백화점의 특징이 바로
그 지점에 있다는 사실을 보지 못하고 있는 것이다.

　백화점은 전시된 상품들 사이를 부유하는 구경꾼들의 존재를 통
해서만 힘을 가질 수 있는 장치다. 백화점에게 구경꾼들은 단순한
구경꾼이 아니다. 비록 글의 화자가 목격하고 있는 시점에서 보았
을 때는 단지 구경꾼일지 모르지만 며칠, 혹은 몇 달 후에는 소비자
로 바뀔 존재라는 사실을 백화점은 잘 알고 있다. 실제로 백화점에
자리하는 구경꾼들은 오감으로 상품을 느끼며 욕망을 키워 가는 사
람들이다. 백화점은 강한 인내심의 소유자다. 그는 덩치에 어울리게

조급해하거나 보채지 않는다. 그는 기다리고 또 기다린다. 백화점의 관심은 사람들의 관심을 끌어들이고 증폭시키는 데 있다. 백화점은 관심이 사랑의 징후이고, 관심을 보이며 자신을 사랑하는 존재는 언젠가 돌아올 것을 믿는다. 때문에 구경 좋아하는 이들이 심심풀이로 들리거나, 시골에서 올라온 이들이 구경 와서 자신과 자신이 품고 있는 상품들을 구경만하고 떠나더라도 백화점은 즐겁다.

1933년 4월 『별건곤』에는 백화점 쇼윈도를 바라보고 있는 여인의 모습이 등장한다. 입고 있는 옷, 신고 있는 구두, 들고 있는 핸드백, 헤어스타일, 게다가 들뜬 몸짓까지 얼핏 보아도 신여성임에 틀림없다. 그녀의 시선을 부여잡은 쇼윈도 안의 풍경은 인상적이다. 한 쌍의 남녀가 양복과 드레스를 입고 서 있는 모습이 흡사 결혼식의 한 장면을 떠다 놓은 것 같다. 그 옆으로 "졸업을 하고나니 할 일이 있어야지! 그래 궐녀厥女씨 백화점 쇼윈도 앞에서 30분씩 서 있는 무보수 취직을 하였습니다."[18]라는 표현이 보인다. 표현만 봐서는 여성의 허영을 비판하는 것 같기도 하고, 취직의 어려운 세태를 한탄하는 것 같기도 하다. 그것이 무엇이었든, 그림은 당시 백화점이 충분히 매력적인 대상이었다는 사실을 드러내고 있다.

1929년 10월 24일, 뉴욕 증시의 폭락을 시발점으로 공황이 시작되었다. 암흑의 목요일이라고 불리는 그날 이후, 수많은 공장들

서울 구경 온 아버지를 모시고
백화점 식당에 들린 딸이
음료수를 주문하였다. 아버지는
처음 먹어 보는 맛이라 당황해
그것을 쏟아 버린다. 그림은
바로 그 장면을 표현하고 있다.

백화점 쇼윈도를
바라보고 있는 여인

卒業을하고나니!

卒業을 하고나니 할닐업서서아직!
그래 賤女氏 百貨店 쇼-윈모―압헤서
三十分식 서잇눈 無職階級을가젯습니다

안경(安慶)의
「백화점의 진풍경」
동아일보,
1937년 11월 19일

「졸업을 하고 나니!」
별건곤,
1933년 4월

이 문을 닫았고, 그곳에서 일하던 많은 노동자들은 직장을 잃었다. 거대한 고통의 파도가 일기 시작한 것이다. 고통의 파도는 미국에만 머물지 않았다. 빠르게 유럽을 휘감더니 급기야 일본을 덮쳤다. 1930년의 쇼와공황은 그렇게 발생하였다. 식민지 조선 역시 그 영향권에서 자유롭지 못했다.

화가 이상범은 당시 상황을 "세모가두歲暮街頭의 불경기 풍경(2)"[19]이라는 제목으로 그려 내었다. 네 컷으로 이루어진 그림은 다양한 불경기 풍경들을 담아내고 있다. 그중에는 백화점으로 몰려드는 당시 사람들의 모습을 표현한 것도 있다. "조선 사람들은 미쓰코시三越, 조지야丁子, 히라다平田으로만 연신 도라든다."라는 표현에는 불경기임에도 불구하고 백화점으로 몰려드는 사람들에 대한 불편한 심기가 묻어 있다. 하지만 불에 타 죽어 가는 동료의 모습을 보면서도 화려한 불빛의 유혹을 거부하지 못하는 불나비처럼, 백화점에 매혹된 이가 백화점으로부터 눈을 떼는 것은 쉬운 일이 아니었다.

백화점을 찾는 이들을 차가운 시선으로 바라보았던 이가 이상범만은 아니었을 것이다. 이성과 합리성에 기댄 차가운 시선들이 여기저기서 뿌려졌다. 하지만 백화점을 찾는 이들은 그 시선을 의식하지 않았다. 그들은 사랑에 빠진 나르키소스의 후예들이었다. 사랑에 빠진다는 것은 장님이 되는 것이며, 동시에 귀머거리가 되는 것임을 잊어서는 안 된다. 사랑에 빠진 이가 비판적 목소리에 귀를 기울일 수 있다면, 누군가의 충고에 대상을 직시하면서 자신의 느낌과 감정을 바꿀 수 있다면, 다시 말해 대상에 대해 피어오르는 관심을 이성으로 통제할 수 있다면, 그것은 더 이상 사랑이 아닐 것이다.

소비하는 주체, 혹은 자본주의의 신민 백화점은 물건을 파는 곳이다. 하지만 상품 판매를 백화점의 유일한 기능이라고 생각해서는 안 된다. 백화점은 외로움과 지루함을 달래주는 극장이면서, 어떠한 삶을 살아야 하는지를 가르쳐 주는 학교이고, 고통과 우울함에 빠진 이들을 위로해 주는 교회다. 이 다양한 역할들을 성공적으로 해낼 수 있을 때에만 백화점은 백화점일 수 있는 것이다.

백화점 쇼윈도에 주목해 보자. 쇼윈도는 일종의 창이다. 창이란 무엇일까? 그것의 역할과 존재방식을 생각하다 보면 공기의 흐름을 관리하거나 시선의 흐름을 통제하는 일종의 제어장치라는 사실을 깨닫게 된다. 실제로 우리는 창을 여닫으면서 환기를 시키거나 비바람으로부터 내부를 보호한다. 그런데 유리가 사용되면서 창은 시선의 흐름을 제어하는 역할을 보다 강하게 부여받았다. 커튼은 아마도 가정의 창에 유리가 사용되기 시작할 때 즈음 새롭게 주목받은 사물일 것이다. 내부에서 외부는 볼 수 있지만 외부에서 내부는 볼 수 없

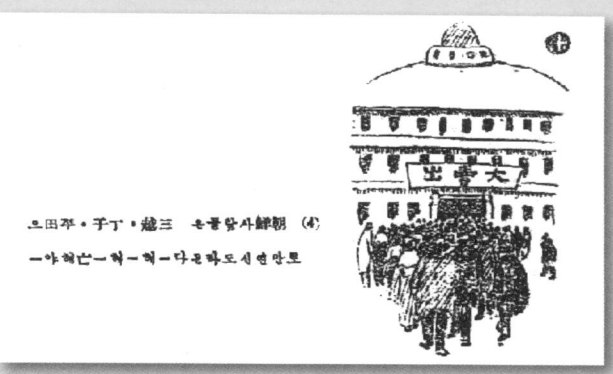

"조선 사람들은
미쓰코시, 조지야,
히라다로만
연신 도라든다."
라는 냉소적 표현이
인상적이다.

도록 하는 커튼은 마치 창과 한 몸인 것처럼 느껴진다. 하지만 인간 주의력의 불완전함만큼이나 커튼은 불완전하다. 제아무리 커튼이라고 해도 외부의 시선을 완전히 차단할 수는 없다. 종종 의도치 않게 어떤 건물의 내부를 우리 눈이 보고야 마는 것은 바로 이 때문일 것이다. 그때마다 커튼은 시선을 차단하는 역할을 망각하고 우아하게 접힌 자신의 모습에 취해 있기 일쑤이다.

쇼윈도는 창이면서 동시에 창이 아니다. 이러한 역설은 외부를 보려고 하지 않는 백화점의 욕망으로부터 비롯된다. 백화점은 보는 것보다 보여주는 것에 관심이 있다. 백화점은 노출증 환자다. 그렇다고 간혹 신문 한 구석을 장식하는 바바리맨과 닮았다는 이야기는 아니다. 백화점은 영악하게도 사람들의 보고 싶어 하는 욕망을 생산해내고, 그것들이 충분히 성숙할 때까지 기다린 다음, 자신이 보여주고 싶은 것을 자신의 방식대로 보여준다. 이러한 치밀함으로 인해 보는 이들은 스스로의 의지에 따라 그것을 보았다고 착각하게 된다.

흔적기관처럼 백화점 건물에 붙어 있는 쇼윈도야말로 그러한 작용을 원활하게 만들어 주는 중요한 장치다. 쇼윈도의 유리창은 열리지 않는다. 유리창과 백화점 내부 사이에는 벽이 자리하고 있는데, 이 벽 때문에 안에서 밖은 보이지 않는다. 밖에서도 백화점 안은 볼 수 없다. 쇼윈도의 핵심은 유리와 벽 사이에 자리한 공간이다. 안에서 밖으로는 나가지만 밖에서 안으로는 들어오지 못하는 고어텍스 Gore-tex처럼 이 공간을 통해 백화점은 자신이 보여주고 싶었던 것들을 일방적으로 상영한다.

1933년 『별건곤』에 실린 「가두 여인 풍경」이라는 글에서 장덕조는 "핸드 빽이 신 유행을 전해 주는 백화점의 「쇼-윈도-」"[20]라는 표현을 사용하였다. 그는 쇼윈도의 역할을 새롭게 유행하는 것이 무엇인지를 알려 주는 데서 찾고 있다. 이 표현은 얼핏 그럴듯하게 들린다. 하지만 엄밀히 말해 장덕조가 사용한 표현은 내용의 순서를 전도시키고 있다. 즉, 그 표현은 유행이라는 것이 먼저 존재하고, 백화점 쇼윈도는 단순히 그것을 사람들에게 알려 주는 역할만 하는 것처럼 묘사하고 있지만 현실은 그 반대에 가깝다. 다시 말해 백화점은 자신이 판매하기 원하는 것들을 쇼윈도를 통해 보여줌으로써 유행을 만들어 내는 것이다. 일제강점기 백화점들은 이것이 소비를 확장시킬 수 있는 효과적인 방법이라는 것을 이미 알고 있었다. 겉으로는 무엇이 유행하고 있는지 알려주겠다는 태도로 사람들에게 접근했지만, 실제로 백화점은 "유행과 문화의 발신기지"[21]로 존재했던 것이다.

소비사회의 신민에게 유행에 뒤쳐졌다는 느낌만큼 고통스러운 것이 있을까? 유행에 뒤쳐지면 존재의 해상도가 급격히 떨어진다. 몸이 더 이상 현실이라는 곳에 정박해 있지 않은 것 같은 느낌을 갖게 된다는 말이다. 유행을 따라가지 못하는 이들의 고통은 이러한 느낌과 무관하지 않다. 분명 현실에 존재하고 있음에도 불구하고 존재하지 않는 것처럼 느껴지는 것은 두려운 경험이 아닐 수 없다. 자본주의 사회에서 유행에 뒤쳐진 이들이 불안해하는 것은 바로 이러한 경험 때문이다.

불안은 자본주의가 끊임없이 자극하고 불러 일으키는 인간의 나약한 감정이다. 자본주의는 자신의 영생을 위해 이 감정을 필요로한다. 왜냐하면 불안이야말로 무엇이 유행하고 있는지를 지속적으로 주목하게 할 뿐만 아니라, 그것에 따르도록 사람들을 부추기는 자극제이기 때문이다. 자본주의 사회에서 유행에 따른다는 것은 유행하는 상품을 소비한다는 말과 다르지 않다. 유행은 대량의 소비, 더 나아가 지속적인 소비를 만들어 내는 장치라 할 수 있다. 이러한 소비야말로 산업자본주의를 지탱하는 중요한 동력이 아닐 수 없다. 때문에 유행이 존재하는 한 자본주의의 삶은 영원히 지속된다고 말할 수 있는 것이다.

죽음으로부터 자유로운 자본주의, 이 거대한 괴물의 영생은 아이러니하게도 죽음을 통해서만 가능하다. 바로 이러한 맥락에서 벤야민은 "유행은 죽음을 부추기며, 죽음이 유행을 타도하고자 뒤돌아보면 이미 유행은 다른 것, 새로운 유행으로 바뀌어 있다"[22]라고 말

S생의
「쇼윈도와 담배」
동아일보,
1936년 3월 13일

쇼윈도에 매혹되어
담배를 훔치는 것도
인지하지 못하는 인물을
표현하고 있다. 그만큼
당시 쇼윈도는
매혹적인 풍경을
상영하는 매체였다.

했던 것이다. 그의 말대로 유행은 언제나 죽음을 부추기고 불러들인다. 새로운 상품의 등장과 유행이 기존 상품들을 어떻게 대하는지 떠올려 보라. 새로운 상품 앞에서 이전의 상품들은 한없이 나약한 존재다. '자신은 여전히 유용하다'고, 혹은 '여전히 가치 있다'고 아무리 소리치고 호소해도 소용없다. 유행의 움직임은 죽음의 목록에 그들의 이름을 가차 없이 기입하고야 만다.

오늘날 '유행에 뒤쳐지지 말아야 한다'는 명제는 종교적 계명에 가깝다. 어떤 이들은 행위에 앞서 그것을 의식적으로 떠올리려고 할지 모른다. 하지만 종교의 세계에서 의식에 기대어 계명을 떠올리는 것은 믿음이 부족하다는 증거일 뿐이다. 진정한 신자라면 의식의 굼뜬 시선이 닿기 전에 이미 계명에 따라 행동하고 있어야 한다. 민첩함이야말로 이 세계의 신자들이 취해야 하는 최고의 미덕이다. 그래서일 것이다. 오늘날을 사는 이들이 유행에 따라야 한다는 계명을 무의식의 기판에 새기고 살아가는 이유가 말이다.

유행을 본능처럼 추구하는 우리는 자본주의의 신민이다. 벤야민이 19세기의 파리에서 발견한 것이 바로 이 신민의 탄생이었다. 이러한 현상은 20세기 초 조선에서도 나타났다. 백화점을 통해서 말이다. 백화점 쇼윈도에 시선을 고정시키고 새로운 유행에 넋을 잃었던 식민지 조선인들이 바로 그들이다. 유행에 따른 소비를 당연한 것으

로 받아들이며 소비에 대한 욕망을 키워 나갔던 자본주의 신민의 탄
생으로 세상은 급격한 변화를 맞이했다.

> "우선 문화주택을 하나 짓지요. 저 시외쯤에다 지어 놓고, 자동차가 잘
> 드나들게 길을 만들어 놓고, 자가용 자동차도 하나 들여놓을 것입니
> 다. 피아노 사 놓고, 꽃밭 만들어 놓고, 라듸오 매고, 또 딴쓰 홀도 하
> 나 조그맣게 만들어 놓고 좀 좋아요! 동무들 밤낮 찾아오면 자동차 타
> 고 드라이브하지요. 식당으로 다니며 진지 잡숫고 백화점에 가서 물건
> 이나 흥정해 놓고 미용원 출입이나 하고요. 홍. 옷도 그럼 이까짓 것을
> 입어요? 구두도 이까짓 것은 안 신습니다. 물론 비까번적 보석반지도
> 사 끼지요! 참 여름이 오는군요. 저 바다로 나가서 활동사진에 나오는
> 서양여자들 모양으로 동무들을 모두 불러 가지고 바다로 돌아다니며
> 요트여행을 할 테예요. 배 위에서 유성기를 틀어 놓고 딴쓰하고 좋은
> 술 좋은 음식 먹고 실컨 돌아다니며 놀지요."23

많은 돈이 생긴다면 어떻게 쓸까? 위의 글은 바로 이 물음에 대한 답
이다. 1백만 원이라는 당시로서는 어마어마한 액수의 돈이 생겼을
때 화자는 우선 문화주택을 짓겠다고 말한다. 당시 문화주택은 일
반인들의 결핍의 감정을 만들어 내면서 선망의 대상으로 자리하고

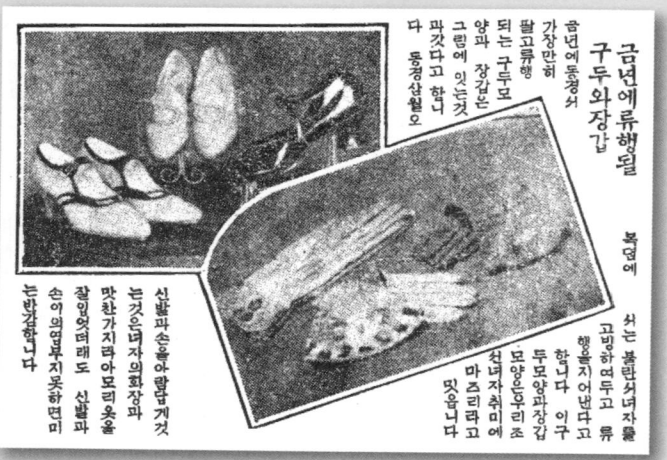

이 기사는 벤야민이 지적한
"유기물과 무기물이 결합"이라는
유행의 논리를 잘 보여주고 있다.
내용을 보면 당시 서구의 유행이
일본을 거쳐 조선으로
흘러들었음을 알 수 있다.
"금년에 동경에서 가장 많이 팔고
유행하는 구두 모양과 장갑은
그림에 있는 것과 같다고 합니다.
동경 삼월오복점(미쓰코시백화점)
에서는 불란서 여자를 고빙

(학식이나 기술이 뛰어난
사람에게 어떤 일을 맡기려고
예의를 갖추어 모셔 옴)하여
유행을 지어낸다고 합니다.
이 구두 모양과 장갑 모양은
우리 조선 여자 취미에 맞으리라고
믿습니다. 신발과 손을 아름답게
하는 것은 여자의 화장과
마찬가지로 아무리 옷을 잘
입었더라도 신발과 손이 예쁘지
못하면 이는 반감됩니다."

있었다. 어쩌면 그 결핍의 감정이 광범위하게 자리하고 있었기 때문에 문화주택과 그곳에서의 삶은 행복의 기호로 자리할 수 있었던 것인지 모른다. 자동차를 사고, 미장원에서 머리를 하고, 백화점에서 쇼핑을 하겠다는 화자의 목소리는 결연하기까지 하다.

그런데 화자는 그렇게 많은 돈이 있다면 지금 입고 있는 옷을 입겠느냐고 반문한다. 동시에 지금 신고 있는 이깟 구두는 신지 않겠다고 말한다. 그 말에는 유행을 앞서가는 좋은 옷과 구두를 구입하겠다는 의지가 배어 있다. 자신의 옷과 구두가 여전히 기능을 하고 있음에도 불구하고 더 좋고 더 새로운 것을 찾아나서는 모습은 소비사회의 주체, 즉 사물의 소비를 통해 자신의 존재를 확인하려는 주체의 전형적인 태도다. 글의 주체는 이미 소비를 욕망하는 주체이자 자본주의의 신민이라고 할 수 있는 것이다.

그 신민은 백화점 쇼윈도를 그냥 지나치지 못한다. 쇼윈도는 극장의 스크린과 같은 것이기 때문이다. 아니, 어쩌면 그 이상이었다고 해야 할 것이다. 왜냐하면 극장의 스크린은 단순히 가상의 이미지를 보여 주는 것에 불과하지만, 쇼윈도는 확실한 존재를 눈앞에 보여 주기 때문이다. 가상의 이미지는 현실의 문을 열어젖히고 상상을 불러들인다. 그러한 능력을 이미지만 가지고 있다고 생각해서는 안 된다. 확실한 존재로서의 물질 역시도 자신을 마주한 이들을 상상의 나라로 인도할 수 있기 때문이다.

이러한 맥락에서 보면 1933년 4월 『별건곤』에 등장한 백화점 쇼윈도를 바라보는 여인 그림은 단순히 쇼윈도를 바라보는 여성을 표현한 그림이 아닐 수 있다. 어쩌면 그림 속 여성은 이미 마네킹의 자리에 들어가 드레스를 걸치고 우아하게 걷고 있는 자신을 상상하고 있는지 모른다. 만약 그렇다면 아마도 그녀의 상상은 끝을 모르고 이어졌을 것이다. 단순히 드레스를 입은 자신을 상상하는 데 그치지 않고, 화려한 결혼식과 행복한 결혼 생활까지 상상하면서 말이다. 어쩌면 그 이상이었을 수도 있다. 이렇게 이어지는 상상의 그물망을 통해서 어느덧 드레스의 모습은 지워지지 않는 잉크로 그녀만의 욕망 목록에 기입되는 것이다. 이것이 바로 백화점 쇼윈도가 가진 힘이다.

쇼윈도는 단골손님이나 실질적인 구매자들만을 위해 백화점이 존재하는 것이 아니라는 사실을 보여 주는 증거이기도 하다. 어쩌면 단골손님들에게는 쇼윈도가 그렇게 필요한 구조물이 아닐 수 있다. 그들은 이미 매혹된 자들이고, 따라서 쇼윈도를 통해 유혹하지 않아도 백화점을 찾을 것이기 때문이다. 자신이 구매할 대상이 구체적으로 무엇인지를 알고 있는 사람들의 경우도 마찬가지다. 쇼윈도는 이두 범주에 포함되지 않는 사람들을 자신의 고객으로 불러들이는 역할을 한다. 이런 측면에서 백화점 쇼윈도는 일종의 삐끼다. 삐끼가

호객행위를 하듯이 백화점 쇼윈도 역시 행인들의 시선을 부여잡고 "혹시, 이런 것들이 필요하지 않았었나요?"라고 묻는다. 때로는 "이 것을 구입하지 않으면 당신은 보잘 것 없는 사람으로 비춰질 것입니다."라는 말로 협박 아닌 협박을 하기도 한다.

쇼윈도와 행인 사이의 관계 방식은 백화점 내부에서 다시 한번 반복된다. 여전히 상품들은 묻는다. "혹시 제가 필요하지 않나요?"라고. 아니, 백화점 내부에 진열된 상품들은 보다 적극적인 방식으로 구입을 권한다. 의견을 묻는 정중함이 아니라 이성을 유혹할 때 사용되는 감언이설로 말이다. 손님과 눈이 마주칠 때마다 상품들이 던지는 "제가 당신을 행복하게 해 줄 거예요."라는 속삭임이야 말로 바로 그런 것이다. 그러한 속삭임 속에서 백화점을 찾는 이들의 이성은 마비되고 어느덧 백화점의 논리에 따라 움직이게 되는 것이다.

사람들은 자신이 무엇인가 구매할 대상이 있어서 백화점에 간다고 생각한다. 하지만, 들어가고 나서야 자신에게 무엇이 필요한지를 깨닫게 되는 곳이 백화점이다.[24] 그런데 그 깨달음은 깨달음이라기보다는 착각에 가깝다. 의심할 수 없었던 필요에 대한 확신은 상품의 구입과 함께 의심받기 시작한다. 백화점을 나오는 이들의 행복한 표정 뒤에 비치는 애매한 표정은 자신이 진정으로 필요로 하고 욕망하는 것이 무엇인지를 알지 못한다는 데서 비롯된 것이다. 하지만 어쩌겠는가? 이미 그들의 손에는 무엇인가가 들려져 있는 것을.

나는 훔친다, 고로 존재한다

"15일 오후 9시경에는 삼월백화점(미쓰코시백화점)에서 말쑥한 털 스
웨터를 입은 사나이가 귀신의 목이라도 빼들은 듯이 사람 속을 뚫고서
는 왔다 갔다 하는 양이 자못 의기양양. 여기까지야 관계없지만 스웨
터에 붙은 정가표가 팔랑팔랑 사람의 눈에 띄어서 일약 희극 배우가 될
뻔 하다가 그 반 본정서 형사의 눈에 띄었을 때는 고양이 앞에 쥐 꼴이
되고 말았거든. 사실을 조사해 보니 종로 3정목 157번지 박영세라는
사람으로 스웨터를 훔쳐 가지고는 변소로 들어가서 갈아입은 것이라
고."[25]

경성에 백화점이 본격적으로 등장한 1930년대, 흥미롭게도 절도는
당시 백화점 관련 기사의 단골손님이었다. 위의 신문기사도 그중 하
나다. 그런데 스웨터를 훔친 박영세라는 인물의 절도행각은 허술하
기 짝이 없다. 훔친 옷을 입고 백화점 안을 배회한 것도 그렇지만, 가
격 스티커도 떼지 않은 스웨터를 입고 있었다고 하니 더더욱 그렇게
느껴진다.

허술함은 처음 무언가를 시작하는 이들의 것이다. 그것이 요리여

도, 도박이나 연극이어도 상관없다. 무엇인가를 처음 시작하는 이, 그래서 방법과 프로세스에 대한 이해가 모자라고, 다양한 변수들에 대처할 만큼의 노련함도 갖추지 못한 이들은 언제나 허술하다. 초기 백화점에서의 절도행위가 허술했다는 사실은 행위 주체가 전문 절도범이 아니라 초보자였음을 증명한다. 실제로 신문 기사의 주인공으로 등장하는 절도범들은 대부분 평범한 사람들이었다. 그렇다면 무엇이 이 평범한 이들을 훔치는 존재로 만든 것일까?

어떤 것의 등장만으로 전체가 바뀌어 버리는 경우가 있다. 「말레나Malena」만큼 이러한 사실을 잘 보여주는 영화가 있을까? 영화 속 주인공인 말레나는 아름답고 매력적인 여성이다. 2차 세계대전이 한창이던 어느 날, 지중해의 한 마을에 그녀가 등장했을 때 모든 남성들의 시선이 그녀에게로 향했다. 평화롭게, 하지만 그래서 무료하게 일상을 살아가던 이들은 말레나의 등장으로 흔들렸다. 그들은 말레나에 매혹되었다. 마을 여성들이 이러한 변화를 달가워할 리가 없다. 말레나는 시기와 질투의 대상이자 금기의 대상이 되었다. 그럴수록 마을 남성들의 말레나에 대한 욕망은 커져 갔고, 매혹된 이들이 뿜어내는 욕망은 견고했던 사회의 균형을 허물어뜨리기 시작했다.

식민지 조선에서 백화점은 말레나와 같은 존재였다. 그 자체는 물론이고 품고 있는 상품 하나하나가 뿌리칠 수 없는 매력 덩어리였

258

다. 하지만 욕망을 일깨우기 위해서는 매력만으로는 부족하다. 거기에는 금기가 있어야 한다. 돈이 없이는 그것들을 가질 수 없다는 금지가 바로 그것이다. 이러한 맥락에서 보면 가격이 비쌀수록 금지의 강도는 커지고 그에 따라 욕망도 따라서 커질 수밖에 없다. 매력과 금기를 통해 백화점은 감추어졌던 욕망을 일깨우며 사람들의 일상을 흔들어 놓았다. 일찍이 경험해 보지 않았던 욕망, 정체를 알 수 없는 욕망이 자신을 뚫고 솟아오르는 것에 많은 이들이 당황스러워했다. 하지만 어쩌겠는가? 불감증 환자가 아닌 이상, 매혹을 통제하는 일이 쉽지 않은 것을 말이다.

"여성의 범죄는 치정관계에서 생기는 것이 대부분이었으나 요즘은 재래의 범죄 범위를 넓혀서 부녀유괴와 절도 방면에도 상당히 발전하는 경향이 현저하다. 이것이 생활난에서 생기는 범죄라고 귀정하는 것이 현하의 사회상으로 보는 정당한 판단일 것이나 이와 반면에 순전히 여자의 허영심에서 나오는 범죄로서 절도가 더욱 현저한데 23일 본정서에 체포된 두 여성이 이것을 웅변으로 증명. 밤이 깊어서 삼중정백화점(미나카이백화점) 너부를 순회하던 중 의슥한 곳에 여자 하나가 숨어 있었다. 그는 한지면 마장리 복정근(25)으로 숨어있었던 목적인즉 부인양복을 한 벌 훔칠 양으로. 확실히 봄은 봄이군. 여성의 마음을 충동

시켜 무서운 범죄의 세계로 몰아넣는 미장의 봄! 이것뿐일까? 명치정 2
정목 70번지에서 고용녀로 있는 박이원(30)이라는 여자는 삼월백화점
(미쓰코시백화점)에서 비단양말 2켤레를 훔치다 발각체포. 날센한 신
여성의 다리에 살결 그대로 보이는 그 비단 양말의 각선미가 곧 여자에
게 허영의 범죄를 선물한 것이겠지."²⁶

긴 시간 동안 미나카이백화점 구석에 숨어 있었던 여성은 무슨 생각
을 했을까? 아마도 부인양복을 입은 자신의 모습을 떠올리고 또 떠
올리며 숨죽인 목소리로 자신에게 속삭였을 것이다. 저 옷만 입고
다닐 수 있다면 마음 한 구석으로부터 엄습해 오는 불안과 육체의
고통쯤은 얼마든지 감수할 수 있다고 말이다. 바로 이러한 욕망과
의지가 오랜 시간 동안 그녀를 숨어 있게 한 힘이었다.

경제적 여력도 없으면서 부인양복을 소유하려고 했던 25세의 젊
은 여성, 그녀의 모습에서 허영을 떠올리는 것은 어쩌면 당연한 일
이다. 하지만 그것을 개인의 문제로 돌리고, 그녀를 비난하기에 당
시 백화점은, 더 나아가 자본주의의 외양은 지나치게 화려했다. 없
는 자가 그 화려함을 탐내고 추구하는 것이 허영이라면, 자본주의는
허영이라는 이름의 판도라 상자를 열어야만 존재할 수 있는 것이다.
글의 화자는 허영을 죄로 보고 있다. 만일 이러한 화자의 인식을 받

아들인다면, 자본주의는 범죄를 먹고 산다고 해야 할 것이다.

어떠한 행위는 죄가 된다. 하지만 어떤 행위는 죄가 되지 않는다. 무엇이 죄이고, 무엇이 죄가 아닌가는 시대에 따라, 그리고 장소에 따라 달라진다. 지금 돌이켜 보면 웃음이 나오는 이야기지만 1980년대 중반까지만 해도 수입담배, 소위 양담배를 피우는 것은 큰 죄였다. 당시에는 양담배를 피우다가 벌금을 내거나 검거된 사람들에 대한 기사가 매일같이 매체를 장식했다. 심지어 양담배 단속 전담요원들도 있었다. 오늘날에도 중국이나 유럽의 여러 나라들에 비해 우리나라는 담배에 관한 엄격한 편이다. 얼마 전까지만 해도 도심 공원이나 길에서 담배를 피우는 것은 죄가 아니었지만, 이제는 죄로 받아들여지기 시작했다. 죄는 절대적인 것이라기보다는 역사적이고 사회적인 구성물인 것이다.

죄의 영역에 포함되는 행위들을 보면 어떤 공통점이 있다. 실제로는 그렇지 않더라도 사회를 위험에 빠뜨릴 수 있다고 받아들여지는 행위들이 죄라고 규정된다. 사회를 형성하는 매개체들의 비율은 시대에 따라 변화해 왔다. 산업자본주의 이전을 떠올려 보면, 신분제도나 혈연 등을 매개로 사회가 형성되었음을 알 수 있다. 때문에 그러한 사회에서는 신분질서나 혈연관계를 흔드는 행위들이 죄의 주된 영역을 형성하였다. 하지만 자본주의의 등장에 따라 사회를 지탱

「새 가을의 유행 스타일은
복잡 빛깔은 자갈색」
　동아일보,
　1934년 8월 22일

「가을철에 유행될
남녀장신구」
　동아일보,
　1933년 9월 3일

하는 핵심적 매개물은 돈으로 바뀌었다. 이로 인해 자본주의 사회에서는 소유권을 침해하거나, 돈의 권위를 부정하는 행위들이 주된 범죄로 자리 잡았다. 물론 사회를 형성하는 전통적인 매개가 사라진 것은 아니지만, 그 힘은 크게 약화되었다.

> "자유롭게 서로 이야기를 주고받는 일이 점점 더 사라지고 있다. 이전에는 이야기를 주고받는 사람들 사이에서 상대방 이야기에 귀를 기울여 주는 것이 당연했으나 지금은 상대방의 구두나 우산 값을 물어보는 것이 그것을 대신하고 있다."[27]

벤야민은 돈이 매개하는 근대 사회를 이전 사회와 대비시키고 있다. 돈이 매개하는 사회에서는 사람들 간의 관계방식이 이전과 크게 다르다. 그곳에서는 돈이 권력이다. 돈이 사라지면 사람들 간의 관계는 언제든지 부서질 수 있다. 식당에서 맛있게 밥을 먹고 난 후, 계산대에 가서 자신이 돈이 없다는 사실을 드러냈을 때 어떠한 반응이 돌아올지를 상상해 보라. 이전까지만 해도 온갖 친절의 기호들로 무장했던 종업원이 잡아먹을 것 같은 표정으로 돌변하는 것을 볼 수 있을 것이다. 심하면 주먹이 날아올 수도 있다. 이러한 행위는 친절의 대상이 인간으로서 내가 아니라, 내가 소유한 돈이었음을 드러내는 것이다. 돈이 지배하는 사회에서는 돈이 관계를 만들어 내고 돈이 우정을 만들어 낸다. 이러한 돈의 권위를 잘 알기에 사람들은 돈에 매달리고 돈을 벌기 위해 애쓰는 것이다.

두 여성은 양복과 양말을 훔치려 했다. 이것들은 몸과 관련된 사물이다. 양복은 몸을 감싸 안음으로써 감싸인 대상을 새로운 존재로 만들어 준다. 양말도 마찬가지다. 몸에 달라붙어 그 몸을 매력적인 존재로 변화시키는 것, 이것이야말로 패션의 마력이다. 벤야민은 말했다. "모든 패션은 살아있는 육체를 무기물의 세계와 결합시킨다"[28]고 말이다. 패션의 시대에 접어들면서 사람들은 살아있는 몸, 즉 육체 그 자체에 매혹되지 않는다. 그들을 매혹시키는 것은 무기물과 결합된 육체, 즉 특정한 옷을 입거나 특정한 양말을 신고 있는 몸이다.

패션의 시대는 매혹적인 존재가 되기 위한 몸부림이 충만한 시대다. 벤야민은 "패션이 에로틱한 자극을 목적으로 하고 있다."[29]고 말했다. 두 여인도 그 사실을 잘 알고 있었을 것이다. 한물 간 옷을 걸치거나 구멍 뚫린 양말을 신고 있는 몸은 성적인 매력을 발산하지 않는다는 사실을 말이다. 여인들이 욕망했던 옷이 부인양복이라는 사실, 그리고 그들이 욕망했던 양말이 각선미가 드러나는 비단양말이라는 사실은 이러한 맥락에서 중요하다. 그렇다면 여인들은 단순히 옷이나 양말을 욕망한 것이 아니다. 자신들을 매력적인 존재로 만들어 줄 대상, 혹은 자신들이 여전히 매력적인 존재임을 확인해 줄 대상을 욕망했던 것이다. 그것은 다름 아닌 타자가 욕망하는 대상의 자리에 서고자 하는 애타는 갈구였다. 그렇다면 백화점은 그러한 욕망을 생산하고 그러한 욕망에 기대어 살아가도록 함으로써 자본의 논리를 이 땅에 확산시킨 비정한 장치라고 해야 할 것이다.

7

기차

◆

미끈한 근대의 비정한 질주

서울역과 근대 체험 1899년 9월 18일 아침! 미국제 모걸mogul 탱크형 기차가 육중한 바퀴를 움직이기 시작하던 날, 이 땅에 처음 등장한 기차를 보기 위해 군중들이 몰려들었다. 사람들의 하얀 의상이 까만 기차의 피부색과 강한 대조를 이루었다. 전면에 성조기와 일장기를 나란히 달고 있는 기차는 무표정하게 거친 숨을 내쉬었다. 기차의 몸 어디에서도 대한제국의 흔적은 찾아볼 수 없었다. 그것을 보며 기울어져 가는 국운을 떠올린 이들도 있었을 것이다. 하지만 기차는 그러한 생각에 잠길 여유를 허락하지 않았다. 마침내 기차가 움직이기 시작했다. 여기저기서 탄성이 터져 나왔다. 그러나 거대한 기차의 굉음에 사람들의 탄성은 묻혀 버렸다. 그것은 어쩌면 다가올 이중의 비극에 대한 암시였는지 모른다. 이 땅의 주인이 주변인의 자리로 밀려나는 비극, 그리그 인간이 기계와 자본에 밀려 도구로 전락하는 비극 말이다.

경인선은 인천 제물포와 서울의 노량진을 연결하는 우리나라 최초의 기차로 알려져 있다. 총 33.2킬로미터! 일반인이 하루 종일 걸어야 갈 수 있었던 거리가 이제 2시간 남짓의 시간으로 이동할 수 있게 된 것이다.

기차가 등장하기까지의 길은 그리 순탄하지 않았다. 애초에 경인선 철도 부설권은 미국인 모스J. R. Mores에게 주어졌다. 그러나 자금

사정의 악화로 건설을 계속할 수 없었던 모스는 일본인에게 부설권을 넘겼고, 결국 경인선은 일본인이 경영하는 경인철도회사京仁鐵道會社에 의해 만들어졌다. 경인선 개통식에 일장기와 성조기가 나란히 자리하고 있었던 것은 순탄치 않았던 건설의 역사를 반영하는 것이었다.

1900년 7월 5일, 한강철교가 완성되었다. 한강을 잇는 최초의 다리였던 이 철교가 준공되고 나서야 제물포에서 출발한 경인선 기차는 한강을 넘을 수 있었다. 한강을 넘은 기차의 종착지는 남대문 정거장이었다. 일본식 일자 지붕의 작은 목조건물로 이루어진 남대문 정거장은 서울역이 준공되기 전까지 여객과 물류 수송 기지로서의 역할을 담당하였다.

1905년 경부선, 1906년 경의선, 1914년 경원선과 호남선이 개통되었다. 그에 따라 새로운 역사 설립의 필요성이 대두되었고, 1922년 6월 1일부터 새로운 역사 건설이 추진되었다. 그로부터 3년이 지난 1925년 10월 15일, 마침내 경성역이 준공되기에 이른다. 이 역은 일제강점기 내내 경성역이라는 이름으로 불리다가 해방이 되고 난 후에 서울역이라는 이름으로 바뀌었다.

서울역 건물은 동경제국대학의 쓰카모토 야스시塚本靖의 설계로 남만주철도주식회사가 설립하였다. 쓰카모토 야스시는 조선은행

남대문 정차장
서울역 전신

일제강점기 경성역
동아일보,
1939년 1월 26일

(1912년)과 도쿄역(1914년)을 설계한 다쓰노 긴고辰野金吳의 제자였
다. 그는 전면 중앙에 비잔틴 양식의 돔을 얹고, 그 바로 아래 벽면에
는 아치형의 창을 내어 중앙홀 안으로 자연 채광이 들도록 설계하였
다. 전체적으로 르네상스 양식의 이 건물은 당시 일본의 도쿄역 다
음으로 큰 규모와 외양을 자랑하였다.

　초기 서울역은 단순한 역사가 아니었다. 기차를 타고 서울에 오
는 이들은 서구적 표정을 한 서울역의 모습을 통해 비로소 자신이
근대도시 서울이라는 곳에 도착하였음을 느낄 수 있었다. 비록 기하
학적인 국제주의 양식이 아닌 중세풍의 외양을 취하고 있었지만 당
시 서울역은 근대를 가장 함축하고 있는 공간이자 건축물로 경험되
었다. 만일 그 건물이 르네상스 양식이 아니라 고대 그리스나 중세
의 양식이었다 하더라도 당시 사람들은 그것을 근대의 이미지로 받
아들였을 것이다. 이는 '근대'가 곧 '서구'였고, '서구'가 곧 '근대'였
던 우리 근대 경험의 고유성 때문에 가능한 것이다. 서구적인 것이
곧 근대적인 것이라는 인식이 만연하던 시공간에서 낯선 서구의 건
축언어로 지어진 서울역은 경험적인 차원에서 근대의 표상일 수밖에
없었다. 게다가 전면에 자리한 시계, 기차, 거대한 홀과 기둥들, 이국
적인 풍경, 그리고 그 속을 채운 많은 사람들의 비일상적인 움직임!
서울역을 구성하는 이러한 내용들은 역을 빠져나와 경험하게 될 근

대도시 경성의 풍경을 미리 보여 주는 일종의 스포일러였다.

　이러한 양상은 1977년 6월 서울역 앞에 대우빌딩(현 서울스퀘어)이 들어서면서 바뀌게 된다. 지상 23층의 대우빌딩은 풍운의 꿈을 안고 서울에 도착한 이들에게 반세기 전 서울역이 제공하던 느낌을 다른 버전으로 제공하였다. 서울역을 빠져나오며 거대한 콘크리트 벽면을 마주한 사람들은 비로소 자신이 근대도시 서울에 도착했음을 실감할 수 있었다. 소설가 신경숙은 유년시절을 소재로 한 소설 『외딴 방』에서 "내가 세상에 나와 그때까지 봤던 것 중에 제일 높은 것"이라는 표현으로 대우 빌딩에 대한 경험을 묘사한 바 있다. 이러한 느낌을 받았던 이가 어디 신경숙뿐이었을까? 건축가 최준석은 어린 시절을 회상하며, 불빛이 가득한 대우빌딩을 보면서 '나도 나중에 사회의 일꾼이 되어야지'라는 다짐을 했다고 한다.[1] 대우빌딩은 근대를 향해 질주하던 70년대의 산업적 낙관주의를 상징하던 건물이자, 서울역의 바통을 이어받은 근대도시 서울의 첫인상이었다.

　하지만 건물 뒤에는 노동자들의 고단한 일상과 그것을 품은 쪽방 건물들이 자리하고 있었다. 대우빌딩은 그러한 모습을 엄청난 규모와 매끈한 외양으로 은폐하였다. 근대는 이처럼 엄연히 존재하는 고통과 슬픔을 매끈하고 화려한 표피로 가린 후, 그 표피가 상영하는 화려한 세계가 그 너머에도 자리하고 있을 것이라는 환상을 만들어

대우빌딩
동아일보,
1980년 5월 24일

내었다.

비정한 근대 기차는 기찻길 위에서만 움직인다. 기찻길과 그 위를 달리는 기차는 서로를 필요로 한다는 점에서 한 몸이라고 할 수 있을 것이다. 기차의 감수성은 직선적이다. 그래서인지 기차는 자신 앞에 자리하는 굴곡들을 가만히 두지 않는다. 골짜기를 만나면 메워버리고, 산을 만나면 뚫고 지나간다. 장애물 앞에서 돌아가지 않는 것이야 말로 기차를 기차이도록 만드는 고유한 특징이다. 이러한 특징으로 인해 기찻길 앞의 모든 굴곡은 사라진다.

전통은 굴곡을 특징으로 한다. 굴곡진 공간은 차이를 가지는 공간이고, 그 차이로 인해 삶의 기억들이 아우성치는 공간이다. 골짜기와 봉우리들에는 온갖 신비스런 전설과 일상의 무용담이 가득하다. 하지만 근대는 매끈함을 특징으로 한다. 근대의 매끈함은 단순히 물리적인 차원에서 매끈한 형태만을 의미하는 것은 아니다. 삶의 기억과 신비스런 이야기들의 사라짐 역시도 의미하기 때문이다. 기억이 사라진 매끈한 평면 위로 근대는 자신의 형상들을 배치한다. 그 형상들은 그 이전에 그곳에 자리하던 것들과 근본적으로 다른 표정들을 가진다. '무심함'이야말로 그 표정을 담아내는 몇 안 되는 표현일 것이다. 근대 도시의 빌딩들과 사물들의 무심한 표정 사이로 합리성

274

이라는 차가운 기운과 기능을 외치는 기계의 소음이 흘러 다닌다.

　무심한 근대의 표정은 비정한 그의 마음을 반영한 것이다. 비정함
은 근대가 추앙하는 합리성의 산물이다. 합리성은 늘 자신의 지력을
자랑하며 잘난 척하지만 세심한 지각력을 가지고 있지는 못하다. 때
문에 존재의 단독성을 보지 못한다. 어쩌면 합리성이란 것은 존재의
단독성이 사라진 곳에서만 이야기될 수 있는 것인지 모른다. 존재의
단독성이란 무엇일까? 가라타니 고진柄谷行人은『탐구』에서 다음과
같이 말했다.

> "나는 여기서 '이 나'나 '이 개'의 '이'것임thisness을 단독성singularity이라
> 부르고 그것을 특수성particularity과 구별하기로 한다. 단독성은 (……)
> 단지 하나밖에 없다는 뜻이 아니다. 특수성이 일반성에서 본 개체성인
> 데 비해 단독성은 이미 일반성에 속하지 않는 개체성이다. 예컨대 '내가
> 있다(1)'와 '이 나가 있다(2)'는 다르다. (1)의 '나'는 일반적인 한 명의
> 나이며 따라서 어떤 나에 대해서도 타당한 데 대해 (2)의 '나'는 단독성
> 이며 다른 나와 바꿀 수 없다."[2]

존재의 단독성은 외부적인 인식의 틀이나 개념을 경유해서는 지각
되지 않는다. 그것은 고유한 무엇이다. 다른 것으로 대체할 수 없고,

다른 것과 교환될 수도 없으며, 따라서 개별적인 존재를 유일한 것으로 만드는 것이 바로 단독성이다.

롤랑 바르트Roland Barthes는 『밝은 방』이라는 제목으로 사진에 관한 아름다운 책을 썼다. 어머니의 죽음으로 인한 슬픔이 채 가시지 않은 어느 날, 유품을 정리하던 바르트는 어린 시절의 어머니 모습이 담긴 낡은 사진 한 장을 발견한다. 이 사진에서 그는 어머니를 본다. 어떠한 체계에도 속하지 않는 존재였고, 어떤 것으로도 환원 불가능한 존재였으며, 유일한 롤랑 바르트의 소녀였던 어머니를 말이다. 바르트는 어머니의 사진을 계기로 쓴 자신의 책에 그 사진을 싣지 않았다. 독자들에게는 보잘 것 없고 흥미롭지 않은 평범한 아이 사진에 불과할 것이라는 사실을 알았기 때문이다. 바르트는 그가 책에서 언급하고 있듯이 자신의 어머니를 일반적인 어머니로 환원하고 싶지 않았던 것이다.[3]

바르트는 어머니의 사진에서 자신이 본 것을 푼크툼punctum이라는 라틴어로 담아내었다. 보는 이를 찌르고 상처 입히는 작은 구멍이자 점이 바로 그것이다. 사진의 푼크툼은 우연히 다가온다. 그것은 모든 사람이 볼 수 있는 것이 아니다. 때문에 어쩌면 환영처럼 느껴질 수도 있다. 하지만 그것은 강렬한 존재의 외침이다. 롤랑 바르트는 푼크툼을 스투디움studium에 대비시켰다. 스투디움은 모든 사람이 볼 수 있는 것이고, 공유될 수 있는 것이며, 명확히 의미화될 수 있는 것이다. 바르트는 "스투디움을 알아본다는 것은 불가피하게 사진가의 의도와 마주침을 의미"한다고 말했다. 그것은 필연과 명확함의 세계인 것이다.[4]

스투디움이 존재의 특수성과 관계하는 것이라면 푼크툼은 존재의 단독성과 관계하는 것이다. 롤랑 바르트에게 어머니는 단독적인 존재다. 바르트에게 그녀는 누구로도 대체될 수 없는 고유한 존재이기 때문이다. 그의 어머니에게 바르트도 같은 존재였을 것이다. 그렇게 서로는 서로에게 단독적인 존재였다. 이처럼 단독적인 존재는 단독적인 존재와의 관계에서만 단독적일 수 있다. 단독적인 존재를 형성하는 관계방식이 있고, 그 속에서 단독적인 것들이 출현한다는 말이다. 바르트에게 어머니의 사진이 바로 그러한 관계의 산물이다.

장이모張藝謨 감독의 영화 「집으로 가는 길」에도 바르트의 어머니 사진과 같은 단독적인 사물이 등장한다. 영화는 중국 시골마을을 배경으로 하고 있다. 여주인공 챠오 디(장쯔이)는 마을에 부임해 온 선생님을 사랑하게 된다. 어머니도 그러한 사실을 눈치챘다. 선생님이 도시로 떠나는 날, 챠오 디는 선생님에게 줄 만두를 그릇에 담고 뛰어가다가 넘어져 버린다. 사랑이 깨져 버린 것을 암시라도 하듯이 그릇은 깨져 버리고, 그녀는 실의에 빠진다. 딸을 사랑하는 어머니

大規模의工場 · 일하는女工들

는 다시 구입하는 것이 경제적이라는 수선공의 말에도 불구하고 깨진 그릇을 다시 이어 붙이도록 한다. 우연히 찬장에 놓인 수선된 그릇을 보고 챠오 디는 어머니의 사랑을 느낀다.

챠오 디에게 깨진 그릇은 단독적인 존재다. 사랑하는 선생님과의 추억이 서린 그 그릇은 다른 그릇으로 대체될 수 없다. 그녀를 사랑하는 어머니도 이 사실을 잘 알고 있었다. 그렇지 않았다면 새 것을 구입하라는 수선공의 이야기를 받아들였을 것이다. 어머니가 그것을 아는 것은 그녀에게 딸이 단독적 존재였기 때문이다. 하지만 새 것으로 바꾸는 것이 더 경제적이라고 말하는 수선공에게 깨진 도자기는 다른 여러 도자기와 다를 바 없는, 그래서 얼마든지 다른 그릇으로 교환될 수 있는 것이다.

롤랑 바르트에게서의 어머니 사진과 챠오 디의 깨진 그릇을 단독적인 것으로 만드는 것은 고유한 관계맺음의 방식이다. 관계맺음의 방식에 따라 특수한 존재가 단독적인 존재로 바뀌기도 하고, 단독적인 존재가 특수한 존재로 바뀌기도 한다. 어머니의 사진과 깨진 그릇은 전자의 작용, 즉 특수한 존재가 단독적인 존재로 바뀌는 과정의 산물이라고 할 수 있다. 이러한 관계맺음의 방식이 지배적일 때, 존재하는 것들은 감정을 풍요롭게 유통시키면서 존재의 충만함을 드러낸다.

근대는 존재하는 것들을 단독성이 아니라 특수성의 맥락에서 인식하였다. 근대는 심지어 단독적인 존재마저도 특수성을 특징으로 하는 존재들로 바꾸어 버린다. 근대가 추종하는 합리성이나 기능이 이러한 변화를 만들어 내고 증폭시킨다. 합리성의 차가운 시선은 깨진 낡은 그릇을 수리하도록 한 어머니의 행위를 이해하지 못한다. 수리하는 비용이면 훨씬 좋고 새로운 그릇을 구입할 수 있기 때문이다. 근대는 늘 그릇 수선공의 이야기가 유일한 선택지라고 말한다. '합리적이다'라는 평가를 들이대면서 말이다. 근대의 시선에는 새 것이 좋은 것이고, 동일한 가격에 보다 많은 것을 취할 수 있으면 좋은 것이다.

　인간도 이러한 이해로부터 예외가 아니다. 산업자본주의가 만들어 낸 노동자라는 개념이야말로 근대가 이해하는 인간의 전형적인 모습을 보여 준다. 노동자로서의 한 개인은 단독적인 존재가 아니다. 그것은 '노동자'라는 개념을 통해 지각되고 인식되기 때문에 특수성의 맥락에서 이해되는 존재라고 해야 할 것이다. 특수성을 매개로 한 존재는 서로가 가지고 있는 고유함과 그로 인해 달라지는 차이보다는 개념 안에서 공통적인 부분을 매개로 지각되는 존재다. 따라서 그는 얼마든지 대체될 수 있다. 자본가들이 개인을 어떠한 방식으로 인식하는지를 보라. 자본가는 한 노동자가 사라진 자리에 다른 노동자를 대체하면 된다고 생각한다. 이는 개별적인 차이를 지각하지 못하는 것이고, 고유성을 부정하는 것이다. 합리성은 이러한 무딘 감각이 받아들여지는 조건에서만 이야기될 수 있다. 바로 이것이 매끈한 근대의 무의식이다.

매끈한 기계 이미지 1970년 11월 13일, 23세의 젊은 노동자 전태일은 당시의 열악한 노등환경을 고발하며 분신자살하였다. 자신의 몸을 불사르면서 그는 "우리는 기계가 아니다."라고 외쳤다. 기계야말로 근대를 대표하는 존재의 이름이라고 할 수 있다. 전태일은 존재의 단독성을 보지 못하는 산업화와 자본에 도취된 시선, 인간을 대체될 수 있는 기계로 바라보는 비정한 권력의 시선에 온몸으로 저항했다.

그로부터 50여 년 전, 르코르뷔지에는 집을 '살기 위한 기계'라고 말했다. 이것이야 말로 근대 합리성의 극단을 보여 주는 인식이라고 해야 할 것이다. 이러한 인식에서 집은 부분들의 합성물이 된다. 부분을 연결시키는 접착제는 기능이었다. 그 기능은 '살기 위한'이라는 수식어를 향한다. 하지만 '살기 위한'이라는 표현에 자리하는 삶은 단독성이 자리하는 삶이 아니다. 그것은 특수성만이 유통되는 삶이고, 따라서 삶이라기보다는 기능으로서의 주거에 가깝다. 비를 피하고, 잠을 자고, 밥을 먹는 일반적 행위들의 총체 말이다. 이것이 바로 존재를 대하는 근대 디자인의 이해방식이었다.

근대 디자인 담론은 일제강점기에 이미 건축 영역을 중심으로 이 땅에 소개되었다. 『조선의 건축』이라는 잡지는 그 통로였다. 이 잡지는 발터 그로피우스(1925년 2월), 루이스 설리번(1928년 6월~9월), 프랭크로이드 라이트(1928년 6월~9월), 르코르뷔지에(1929년 3월) 같은 근대 디자인의 선구자들에 관한 글뿐만 아니라, 기능주의(1928년 6월~9월)나 건축에서의 모더니즘(1927년 2월)에 관한 내용도 담아 내었다. 이러한 글들은 경성공업고등학교의 교수나 학생들에 의해 쓰여진 것들이었는데, 글의 필자들은 대부분은 일본인들이었다.[5]

근대 디자인에 대한 담론은 건축가들 사이에만 유통되었던 것은 아니다. 신문이나 교양잡지와 같은 대중적 매체 역시 근대 디자인에 대한 내용들을 기사화하였다. 이는 일반인들 역시 근대 디자인의 내용과 이미지를 동시대적으로 만났다는 것을 의미한다. 그 대표적인 예가 『동아일보』에 1931년 3월 4일부터 4월 5일까지 16회에 걸쳐 연재된 「우리 주택에 대하야」라는 박동진의 글이다. 박동진은 박길룡과 함께 일제 강점기에 활동했던 대표적인 건축가였다. 박동진은 당시 서구의 건축적 흐름을 이야기하면서 우리 주택문화를 비판적으로 바라보았다.

"세계 건축계의 총아 루 코르뷰제 씨의 주창하는 합리주의를 간단히
단편적으로 알아보자. '집은 살기 위한 기계다'라고 한 말은 씨의 유명
한 건축표어로 사계斯界에 회자되는 것이다. …… 합리적이란 것이 새로
운 미의 규범이 되었다. 이래서 '집은 주거하기 위한 기계'라고 르 코르
뷰제 씨는 비행기와 자동차에 나타난 합리주의를 찬미하는 것이다."6

'집은 살기 위한 기계다'라는 르코르뷔지에의 명제는 근대 디자인의
기능주의 미학을 대표한다. 르코르뷔지에는 1923년에 출간된 『새로
운 건축을 향하여』라는 책에서 이 말을 했다. 박동진은 르코르뷔지
에가 비행기나 자동차에 나타난 합리주의를 찬미했다고 말함으로써
이 명제 역시 같은 댁락으로부터 나왔음을 밝히고 있다. 박동진은
르코르뷔지에의 디자인 사상뿐만 아니라, 1927년에 설계한 빌라 슈
타인Villa Stein의 이미지까지 같은 글에 소개하였다. 이로서 독자들은
살기 위한 기계로서의 집의 이미지가 구체적으로 어떤 것인지를 확
인할 수 있었을 것이다.

빌라 슈타인의 이미지는 철과 콘크리트로 이루어진 수직과 수평
의 입방체 형상을 특징으로 하는 근대건축이다. 르코르뷔지에는 자
신이 사용한 조형 원리인 모듈러 시스템을 적용하여 기능적이면서

미학적인 건축 구조물을 만들어 내었다. 그렇다면 신문 지면에 실린 이 건물의 이미지를 접한 당시 사람들은 무엇을 떠올렸을까? 기하학적 형상의 미끈한 이미지가 기능성을 떠올리게 했을 것이라고 생각하기 쉽지만, 그보다는 미래, 진보, 서구와 같은 당시에 유행하기 시작한 개념들을 떠올리게 했을 것이다.

근대의 이미지는 미끈하다. 근대의 미끈함은 두 가지 모습으로 나타났다. 건축에서 주로 발견되는 기하학적인 미끈함이 하나라고 한다면, 다른 하나는 사물에 주로 등장했던 유선형의 미끈한 이미지였다. 1935년 2월 6일자 『동아일보』에 등장하는 「유선형은 무엇? 속력을 내기 위하야 기차가 철갑주를 입은 것입니다」라는 제목의 글을 보면 당시 유선형이 미래지향적 근대의 형상으로 받아들여졌다는 것을 알 수 있다. 글은 "기차가 유선형으로 개량이 된다고 한지가 얼마 안 되어 양복도 유선형이요 머리지지는 법도 유선형, 무엇이나 유선형으로 유행되어 오는 시절입니다."[7]라는 말과 함께 세계적으로 유행하고 있었던 유선형에 대해 자세히 설명하고 있다. 당시 대서양을 횡단한 여성 비행가 아멜리아 에어하트Amelia Earhart의 다음 글 역시 같은 맥락에 자리한다.

"자동차의 장래는 그 형태가 점점 더 비행기와 같이 유선형, 즉 복숭아

박동진의
「우리 주택에 대하야(4)」
동아일보,
1931년 3월 18일

일제강점기 신문에 소개된
르코르뷔지에의 주택
동아일보,
1931년 3월 19일

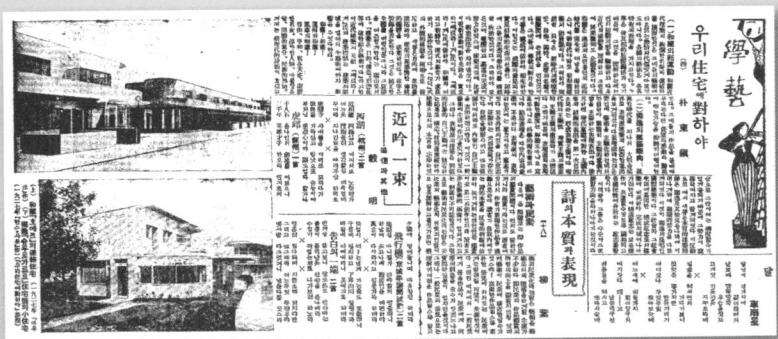

씨 형태나 또는 빗방울 형태가 되어 '엔징'은 뒷부분에 장치되고 음향, 추기[8], 진동 등이 차체와는 근본으로 차단될 것이다. (……) 요컨대 교통운수문제의 근본 변태는 '스피-드'의 향상에 있다. 이 향상은 경제문제를 가미한 일정의 한도에 달하기까지 부단히 계속될 것이다."[9]

아멜리아 에어하트의 지적처럼 유선형은 속도와의 관계 속에서 출현하였다. 마찰력을 최소화하여 속도 향상에 기여하는 기능적 형태였던 것이다. 하지만 그것의 확산은 기능적인 맥락 때문이라기보다는 오히려 유행의 맥락에서 이루어졌다. 예를 들어 양복이나 연필깎이는 속도와 무관한 사물이기 때문에 유선형이어야 할 이유가 없음에도 불구하고, 유선형이 유행함에 따라 유선형의 형상으로 제작되었다.

유선형의 감수성은 아르누보의 그것과 유사하다. 아르누보는 굽이치는 식물형상을 특징으로 하지만, 보다 중요한 점은 당시 확대되고 있던 기계의 차가움에 대한 저항의 움직임이었는데 있다. 철과 같이 차가운 재료는 아르누보의 세례를 통해 가정으로 들어올 수 있었다. 콘크리트 벽 역시 아르누보 이미지의 벽지로 가려졌다. 유선형 역시 내부에 자리한 기계 부품들의 차갑고 비정한 이미지를 진보와 속도의 세련된 이미지로 감추고 있는 것이다.

　기하학적 형상이 만들어 내는 매끈함이든 아니면 유선형의 형상
이 만들어 내는 매끈함이든 근대는 매끄럽다. 심지어 근대가 자리하
는 곳에는 자연마저 마끈한 표정으로 자리한다. 잘 다듬어진 잔디나
가로수들의 모습을 떠올려 보라.

　근대의 표정은 왜 매끄러운 것일까? 그것은 합리성이나 효율을
향한 질주의 결과이면서, 동시에 증폭하는 산업자본주의의 요구에
화답한 결과라 할 수 있다. 합리성과 효율은 자신이 실현되지 않는
지점을 찾아 매끈하게 만든다. 그 출발은 사회주의적 이념이었을지
모르지만, 스타일로 유통되면서 매끈함은 자본주의와 만났다. 직선
적 매끈함이든 곡선적 매끈함이든 다르지 않다는 말이다. 1930, 40
년대에 자본주의는 사람들을 유혹할 수 있다면 무엇이든 매끈하게
만들어 버렸다. 장례식에 사용되는 관마저도 매끈함으로부터 자유
로울 수 없었다.[10] 이러한 상황은 사람들마저 매끈하게 만들었다. 소
비 대중이라는 이름의 균질한 존재로 말이다.

　이러한 일련의 움직임이 이루어지는 곳에서 사람들은 삶의 주인
공이 아닌 조연으로 밀려났다. 근대는 인간이 주인공이라고, 그래
서 인간들의 편리한 삶을 위해 그러한 움직임이 이루어지는 것이라
고 떠들어 댔지만 정작 일상의 주체들이 마주한 것은 그러한 움직임
자체가 주인이 되어 버린 상황이었다. 일제강점기 내내 이 땅에 살던

「유선형은 무엇?
 속도를 내기 위하야 기차가
 철갑주를 입힌 것입니다」
동아일보,
1935년 2월 6일

이들이 경험한 것이 바로 그러한 소외였고, 현재에도 그러한 상황은 바뀌지 않았다. 근대를 마주한 우리가 슬픔을 느낀다면 그것은 바로 이러한 이유 때문일 것이다.

질주, 그리고 전통의 죽음 연기를 내뿜으며 질주하는 거대한 쇳덩어리! 그 쇳덩어리 안에서 사람들은 익히 경험해 보지 못했던 속도를 경험하였다. 속도, 그것은 근대 아방가르드들이 근대적 주체로서 자신들의 정체성을 드러내는 요소였을 뿐만 아니라, 변화한 근대적 세계의 특징을 가장 잘 묘사하는 수식어였다. 이러한 맥락에서 마리네티F. T. Marinetti는 "우리는 속도로부터 오는 새로운 아름다움으로 인해 우리의 웅대한 세상이 풍요로워지고 있음을 선언한다."[11]라고 미래주의 선언에서 주장했던 것이다.

속도의 체험은 그냥 얻어질 수 있는 것이 아니다. 그것은 목적지를 출발지에 압축시키는 움직임을 통해서만 성취될 수 있는 것이다. 그러기 위해서 속도를 욕망하는 주체는 출발지와 목적지만을 상상할 수 있어야 한다. 볼프강 쉬벨부시Wolfgang Schivelbusch가 기차를 출발지와 목적지만 아는 사물이라고 묘사한 것은 바로 그래서일 것이다. 이러한 이해를 통해 성취된 속도, 그것은 세계에 대한 경험과 감각들을 변화시킨다. 무엇보다 기차가 제공한 속도는 경험적인 차원에서의 공간의 크기를 축소시켰다. 기차로 인해 동일한 크기의 공간이 수축된 것으로 지각되는 경험은 그 자체로 마법사 앞에서 관객들이 느끼는 경험과 다르지 않은 것이었다.

빠른 속도는 거리상 멀리 떨어져 있는 것들을 거의 동시에 경험할 수 있도록 하였다. 한정된 시간에 거리상으로 멀리 떨어진 지점에 거의 동시에 자리할 수 있다는 상상은 기차가 등장하기 전까지 떠올릴 수 없는 것이었다. 기차의 등장은 그러한 상상을 가능하게 하였고, 그것을 현실로 만들었다.

기차는 신체의 이동뿐만 아니라 정보의 이동 속도 역시 향상시켰다. 기차가 등장하기 전까지만 하더라도 공간적으로 멀리 떨어진 지점에서 벌어진 사건들에 대한 소식을 접하기 위해서는 많은 시간을 필요로 했다. 정보전달 속도의 향상은 비동시적인 것들, 그리고 멀리 떨어진 곳에서 발생한 사건들의 동시적 경험을 가능하게 하였다. 신문은 이러한 물리적 환경이 마련된 후에야 제 역할을 할 수 있는 미디어였다. 만일 멀리서 일어난 사건들을 하나의 지면에 동시에 담아낼 수 없다면, 그리고 그렇게 인쇄된 신문을 빠른 시간 안에 서로 다른 지역에 배포할 수 없다면 근대적 신문은 존재하기 어려웠을 것이다. 이러한 이유 때문에 우리의 근대 신문들은 기차의 등장과 더불어 본격적으로 출현하였다. 근대적 신문은 기차와 함께 배치되어

'우리'라는 상상의 공동체를 만들어 내는 장치로 존재했다.

기차는 또한 이질적인 것들을 동시에 체험 가능하게 하였다. 이러한 동시적 체험은 공간이나 사건의 측면에서만 이루어진 것은 아니었다. 기차는 전통사회의 계급질서가 만들어 낸 사람들 사이의 차이를 없애고, 그들을 동시에 자리하게 하였다. 1894년 7월 30일 군국기무처는 갑오개혁의 일환으로 신분제를 폐지하였다. 그러나 제도적 차원에서 그러한 조치가 내려졌다고 해서 계급적 질서에 길들여진 관계방식이 하루아침에 사라질 수는 없었다. 여전히 일상의 공간에서는 계급적 질서가 작동하고 있었다. 그러나 기차는 상놈이 양반 앞에 앉아 동일한 높이에서 눈길을 주고받게 함으로써 일상적 차원에서의 탈계급적 관계방식을 가속화하였다. 그러한 움직임은 교회, 학교, 극장을 경유하면서 확대되었다. 이러한 모든 것들은 전통의 죽음을 통해서만 성취될 수 있는 것이었다.

출발지와 목적지만을 아는 기차에게 사이에 자리하는 것들은 장애물일 수밖에 없다. 그 장애물들, 다시 말해 사이에 자리하는 것들이 선택할 수 있는 것은 죽음밖에 없었다. 파이고, 뽑히고, 메워지는 움직임 속에서 나무와 골짜기와 산이 사라졌다. 우리의 근대 공간에서 죽음의 운명과 마주한 것이 어디 그것들만이었을까?

"어떤 소년이 몽둥이를 가지고 철도 위에서 놀다가 철도 위에 몽둥이를 하나 남겨 두었다. 일본인들은 소년을 붙들어서 총살시켰다. 이 범죄자는 이제 겨우 7살이었다."[12]

독립운동가 이상설이 쓴 위 글은 근대의 칼끝이 결국 이 땅에 살던 사람들에게로 향하고 있었음을 잘 보여준다. 소년의 죽음은 속도의 얼굴을 하고 다가온 근대가 전통적 주체에게 가한 폭력의 단면을 보여 주는 것이다. 우리에게 기차의 폭력은 일본 제국주의의 폭력과 겹쳐지면서 더욱 증폭된 모습으로 다가왔다. 이러한 폭력에 대해 당시의 민중들은 저항하였다. 달리는 기차에 돌을 던지는 소극적 저항에서 철도정거장을 파괴하는 적극적 저항에 이르기까지 저항의 모습은 다양하게 나타났다. 그것은 일본 제국주의에 대한 저항이면서 동시에 폭력적인 근대에 대한 저항이었다. 그러나 기차, 더 나아가 근대는 전통적인 공간에 자리하던 주체들을 점점 자신의 리듬에 맞게 길들여 갔다.

아직 오지 않은 근대 길들여진다는 것은 길들이는 대상이 기대하는 방식으로 길들여지는 대상이 변화되는 움직임이다. 새로운 것에 길들여지는 과정에서 이전의 규칙과 믿음은 서서히 낯선 것이 되어 간다. 이전까지 우리 몸과 마음을 지배했던 것들이 하나 둘 밖으로 나와 새로운 주인에 의해 타자가 되는 것이다.[13] 길들여진 몸은 길들여지기 이전이었다면 어색하고 불편하게 느꼈을 대상을 자연스럽고 당연한 것으로 받아들인다. 심지어 그 대상으로부터 편안함마저 느낀다. 이러한 역전의 경험은 또 다른 내가 되어 버리는 경험이고, 새로운 주체가 되어 버리는 경험이다. 그것은 두렵고 간사한 경험이지만, 새로운 근대적 사물 앞에서 피할 수 없는 경험이기도 했다.

길들여짐의 공포스러움은 바로 여기에 있다. 길들이는 대상의 욕망임에도 불구하고 길들여지는 주체가 자신의 욕망이라고 믿고 받아들이는 움직임은 길들여짐의 일반적인 공식과도 같은 것이다. 실제로 기차를 사용하는 이들은 스스로가 이 새로운 근대적 사물을 사용하는 주체라고 생각하였다. 하지만 사실 그들은 기차에 의해 일정한 방식으로 변화되는 객체에 불과하였다.

기차를 이용하면서 조선의 민중들은 공간을 이전과 다르게 지각하는 주체로 변해 갔다. 기차의 방식으로 공간을 사고하고, 기차의 방식으로 공간을 대하는 근대적 주체로 말이다. 기차를 통과한 몸, 그래서 기차에 길들여진 몸은 이전과 역전된 감성으로 공간을 지각하고 경험하였다. 구불구불한 길을 불편하게 느끼고, 폭력의 얼굴을 하고 있다고 이해하던 기차를 부드러운 친구의 모습으로 보기 시작

혼잡한 경성역 풍경
동아일보,
1926년 6월 10일

**기차 이미지를 이용한
청년양화점 광고**
동아일보,
1923년 12월 22일

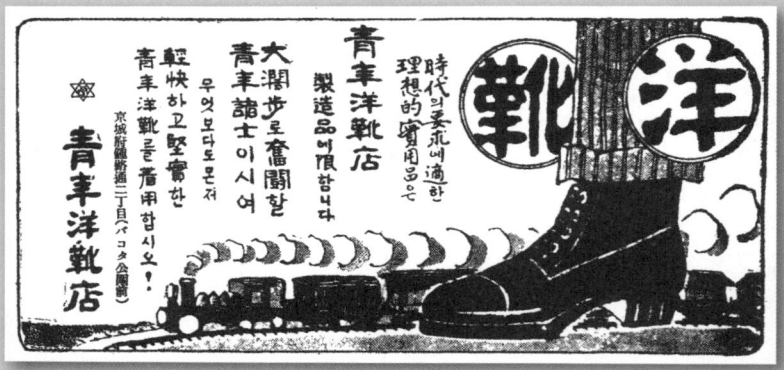

"시대의 요구"를 언급한
광고 문구는 당시 기차가
앞선 문물의 상징으로
당시에 인식되고 있었음을
보여 준다.

한 것이다.

> "일상생활에서는 교통기관의 산업화가 교통기관 이용자의 의식 속에서
> 빠르게 기반을 얻는다 이들 이용자는 새로운 인식을 발전시킨다. 그들
> 에게는 증기 기관에 의한 규칙적인 빠르기의 운동이 가축에 의한 운동
> 에 비해 더 이상 비자연스러운 것으로 보이지 않는다. 아니 그와 반대
> 로 보인다. 기계적인 규칙성은 그들에게 새로운 자연으로 보이고, 이에
> 반해 가축이라는 자연이 위험스러운 혼란으로 여겨지는 것이다."[14]

쉬벨부시의 지적은 타당하다. 길들여진 이들에게 기차는 더 이상 폭
력적인 것도, 신기한 것도 아닌 마치 본래부터 존재하고 있던 것으
로 자리 잡기 때문이다. 그들은 기차의 시선으로 세상을 보고, 기차
의 시선으로 사고하며, 기차의 시선으로 행동한다. 오늘날 근대에
물든 우리가 세상을 어떻게 이해하는지를 본다면 이러한 사실은 보
다 명확해진다. 끊임없이 무엇인가를 개발하고 새로운 무언가를 건
설하려는 의지, 더 나아가 그것을 자연스러운 것으로 이해하는 모습
은 분명 100여 년 전에 스며들어온 감수성이 여전히 강력하게 작동
하고 있다는 증거일 것이다.

주석

1. 시계

[1] 자크 르 고프, 유희수 역, 『서양 중세 문명』, 문학과지성사, 1992, p.214

[2] A. H. 새비지-랜도어, 신복용 & 장우영 역, 『고요한 아침의 나라 조선』, 집문당, 1999, p.139

[3] 정재정, 「대중교통의 발달과 시민 생활의 변천」, 『서울 20세기 생활문화변천사』, 서울시정개발연구원, 2001, p.563

[4] 정재정, 「대중교통의 발달과 시민 생활의 변천」, 『서울 20세기 생활문화변천사』, 서울시정개발연구원, 2001, p.563

[5] 철도청, 『한국철도사 2』, 철도청, 1977, p.43

[6] 기형도, 「소리의 뼈」, 『입 속의 검은 잎』, 문학과지성사, 1994, pp.127-128

[7] 이진경, 『노마디즘1』, 휴머니스트, 2002, p.131

[8] 질 들뢰즈, 펠릭스 가타리, 김재인 역, 『천개의 고원』, 새물결, 2001, pp.12-14

[9] 질 들뢰즈, 펠릭스 가타리, 최명관 역, 『앙띠 오이디푸스』, 민음사, 2002, p.61

[10] 질 들뢰즈, 펠릭스 가타리, 최명관 역, 『앙띠 오이디푸스』, 민음사, 2002, p.62

[11] 베르그송(Henri Bergson)은 시간의 이러한 속성을 가장 잘 지적하고 있는 철학자이다. 그는 이러한 시각에서 근대의 시계적 시간을 비판하였다.

[12] 「이것이 과연 도깨비인가」, 『매일신보』, 1914년 7월 30일

[13] 홍성표 외, 『근대의 첫 경험』, 이화여자대학교 출판부, 2006, p.33

[14] 「'때의 기념'과 각처 시계검사」, 『동아일보』, 1922년 6월 11일

[15] 「실무, 여행, 산보에는 잊지 마십시오. 완권시계(腕卷時計)를」, 『동아일보』, 1926년 5월 29일

[16] 정희경, 『시계이야기』, 그책, 2011, p.247

[17] 박태원, 『박태원 소설집: 소설가 구보씨의 일일』, 깊은 샘, 2003, p.32

[18] 「세계 최초 자동 기관총 '맥심'」, 『세계일보』, 2011년 7월 26일

[19] 요시다 유타카, 최혜주 역, 『일본의 군대: 병사의 눈으로 본 근대일본』, 논형, 2005, pp.36-39

[20] 오늘날 시간 제국의 신민들은 여전히 자신이 자유롭다고 생각한다. 하지만 이 생각이야말로 시간제국의 신민들이 수갑을 찬 수감자들과 구별될 수 있는 유일한 지점일 것이다.

2. 투시법

[1] Descartes, The Philosophical Writings of Descartes, vol. 1, p.166; Oeuvres philosophiques, vol. 1, pp.686-687. 조나단 크래리, 임동근/ 오성훈 역, 『관찰자의 시각: 19세기의 시각과 근대성』, 문화과학사, 2001, p.79 재인용

[2] Maurice Merleau-Ponty, "Eye and Mind", The Primacy of Perception, ed. James M. Edie and trans. Carelton Dallery (Evanston, Ill.: Northwestern University Press, 1964), p.169 달리아 주도비츠, 「데카르트 철학에서의 시각, 재현, 그리고 기술」, 데이비드 마이클 레빈 외,

정성철/ 백문임 역,『모더니티와 시각의 헤게모니』, 시각과 언어, 2004, p.107 재인용

3 조나단 크래리, 임동근/ 오성훈 역,『관찰자의 시각: 19세기의 시각과 근대성』, 문화과학사, 2001, p.68

4 달리아 주도비츠,「데카르트 철학에서의 시각, 재현, 그리고 기술」, 데이비드 마이클 레빈 외, 정성철/ 백문임 역,『모더니티와 시각의 헤게모니』, 시각과 언어, 2004, p.115

5 존 A. 워커/ 사라 채플린, 임산 역,『비주얼 컬처』, 루비박스, 2004, p.52

6 핼 포스터, 최연희 역,『시각과 시각성』, 경성대학교 출판부, 2004, p.7

7 노먼 브라이슨,「확장된 장에서의 응시」, 핼 포스터, 최연희 역,『시각과 시각성』, 경성대학교 출판부, 2004, p.164

8 미셸 푸코, 홍성민 역,『임상의학의 탄생』, 이매진, 2006, p.18

9 미셸 푸코, 홍성민 역,『임상의학의 탄생』, 이매진, 2006, p.202

10 미셸 푸코, 홍성민 역,『임상의학의 탄생』, 이매진, 2006, p.102

11 존 버거, 편집부 역,『이미지』, 동문선, 2000, pp.24-26

12 파스칼, 이환 역,『팡세』, 민음사, 2003, p.215

13 토머스 미첼, 김현중 역,『혁신적 디자인 사고』, 도서출판 국제, 1999, p.35

14 이진경,『노마디즘 1』, 휴머니스트, 2002, p.600

15 가라타니 고진, 박유하 역,『일본 근대문학의 기원』, 도서출판 b, 2010, p. 40

16 존 버거, 편집부 역,『이미지』, 동문선, 2000, p.28

17 이진경은 다음과 같은 이유로 원근법보다는 투시법이 보다 정확한 표현일 수 있다고 주장한다. "투시법은 라틴어로 perspectiva인데, 이는 '아주', '완전히'를 뜻하는 접두사 per와 '보다'를 뜻하는 동사 specere가 합쳐서 나온 perspicere라는 동사에서 나온 것으로, '잘 보다', '꿰뚫어 보다'라는 뜻이다. 그것은 '잘 보는 방법', '잘 보이게 하는 방법'이라는 뜻을 담고 있는 셈이다. 따라서 '투시법'이 정확한 번역어인데, 회화에서는 종종 '원근법'이라고 번역된다. 이는 지나친 의역일 뿐 아니라 정확하지 않은 번역이다. 아마도 서양 근대회화의 가장 중요한 특징이, 동양이나 다른 대륙과는 달리 원근감이 정확하게 표현된다는 점에서 그런 것이겠지만, 투시법은 원근을 나타내는 유일한 방법이 아니라, 그것을 나타내는 하나의 특정한 방법이다. 다시 말해 투시법 이외에도 원근감을 표시하는 방법이 또 있다는 것이다." (이진경,『근대적 시공간의 탄생』, 푸른숲, 2002, p.103) 이 책에서는 같은 맥락에서 투시법이라는 용어를 사용하고 있다. 실제로 디자인의 맥락에서는 투시법이라는 용어가 일반적으로 사용된다. 이 책은 일관성을 위해 원근법이라는 표현을 사용하는 자료를 인용할 경우에도 '원근법'이라는 표현을 '투시법'으로 바꾸어 표기하고 있다.

18 제이 더블린, 이승배 역,『디자인 투시도법』, 미진사, 1993, p.9

19 이토우 도시하루, 김경연 역,『사진과 회화』, 시각과 언어, 2000, pp.25-27를 참조.

20 주은우,『시각과 현대성』, 한나래, 2003, pp.176-177

21 주은우,『시각과 현대성』, 한나래, 2003, p.173

22 슬라보예 지젝, 김소연/ 유재희 역,『삐딱하게 보기』, 시각과 언어, 1995, p.184

23 卜惠淑, 「모-단」서울 設計案」, 『삼천리』 제8권 1호, 1936.01.01.

3. 미인대회

1 이마누엘 칸트, 김상현 역, 『판단력 비판』, 책세상, 2005, p.45

2 "우리 조선에서는 여자가 가슴을 꼭꼭 동이는 것을 예절이라고 하였습니다. …… 이 의복의 허리로 가슴을 동이는 것이야말로 진실로 사람 생명을 빼앗는 무서운 병의 원인이 된다고 합니다." 『동아일보』 1921년 9월 10일자, 11월 12일자. 고부자, 『우리생활 100년: 옷』, 현암사, 2003, p.142 재인용

3 "1908년 이화학당에서 쓰개치마가 사라지게 되었고, 같은 해 연동여학교(정신여학교 전신)에서, 마지막으로 1911년 배화학당에서 쓰개치마가 금지되었다. 배화학당에서는 1914년부터 쓰개치마를 벗는 대신 우산을 하나씩 내주어 외출할 때 우산으로 얼굴을 가리고 다니게 했다." 자세한 내용은 고부자, 『우리생활 100년: 옷』, 현암사, 2003, pp.83-85를 참조.

4 1920년대 중반 여학생의 수는 약 3,000명 정도였다.

5 「여학생 스커-드는 쩌르게」, 『삼천리』 제4권 5호, 1932년 5월 1일

6 안석영, 「여성 선전 시대가 오면」, 『조선일보』, 1930년 1월 12일

7 「여학생 스커-드는 쩌르게」, 『삼천리』 제4권 5호, 1932년 5월 1일

8 「규중의 조선여성은 각선미가 왜 없노」, 『동아일보』, 1931년 9월 29일

9 「미는 다리에도, 다리의 미용술」, 『조선일보』, 1929년 4월 25일자

10 「걷기 좋은 가을! 아가씨 다리들이여 꼿꼿하고 날쌔시라」, 『조선중앙일보』, 1934년 9월 14일

11 「1931년식 모던 스타킹」, 『동아일보』, 1931년 1월 15일

12 「각선미를 위하야」, 『동아일보』, 1932년 3월 26일

13 「곡선미를 내는 기계」, 『동아일보』, 1937년 7월 1일

14 「미인투표, 독자위안, 성진지국주최」, 『동아일보』, 1926년 1월 28일

15 「제반 준비가 완성」, 『동아일보』, 1926년 9월 14일

16 「여위고 시픈 이는 석류를 잡수시오 지금 헐리우드에서 대류행」, 『동아일보』, 1933년 2월 8일

17 「女人(三)」, 金東仁 김동인, 『별건곤』 제27호, 1930년 3월 1일

18 「독서실」, 『동광』 제17호, 1931년 1월 1일

19 장티푸스

20 「늙으막 뚱뚱보는 장수를 못합니다. 40이 넘어서는 여위도록」, 『동아일보』, 1931년 6월 9일

21 「대개의 뚱뚱보는 가난뱅이 출신?」, 『동아일보』, 1962년 9월 17일

4. 우량아선발대회

1 송윤경, 「미혼여성 2명 중 1명만 '결혼 필요해'」, 『경향신문』, 2013년 4월 11일

2 이진경, 『철학과 굴뚝청소부』, 그린비, 2003, p.182

3 이진경, 『철학과 굴뚝청소부』, 그린비, 2003, p.184

4 무사기(無邪氣)는 전혀 간사한 표시가 없다는 뜻임.

5 「어린이 가뎡교육, 어린 아들 딸은 이렇게 기르시오」, 『동아일보』, 1925년 3월 27일
6 1920년부터 1925년까지 매년 평균 100개교 이상의 공립보통학교가 만들어졌다. 1923년에 이르러서는 공립보통학교의 학생 수가 서당에서 공부하는 학생 수를 넘어섰다. 이와 관련해서는 강준만, 『입시전쟁 잔혹사』, 인물과 사상, 2009, pp.35-36를 참조.
7 요시미 순야, 이태문 역, 『근대의 신체, 운동회』, 논형, 2007, pp.37-42
8 「소학생에 방공지식보급」, 『동아일보』, 1940년 6월 29일
9 「어린이 인도는 엇지하면 조흘가」, 『동아일보』, 1923년 7월 25일
10 전루이사, 「이 다음 조선의 주인, 어린이 기르는 길」, 『동아일보』, 1925년 4월 22일
11 강준만, 『입시전쟁 잔혹사』, 인물과 사상, 2009, pp.33-34
12 일제강점기 동안 조선인에 대한 고등교육의 기회는 매우 제한적으로 주어졌다. 이는 일제의 조선에 대한 우민화 정책에 따른 것이었다. 때문에 입시경쟁은 치열할 수밖에 없었다.
13 강준만, 『입시전쟁 잔혹사』, 인물과 사상, 2009, pp.34-35
14 김혜경, 『식민지하 근대가족의 형성과 젠더』, 창비, 2006, p.132
15 유길준, 『서유견문』, 박영사, 박영문고 92, 1979, p.14 신동원, 『한국 근대 보건의료사』, 한울아카데미, 1997, p.180 재인용
16 「유아의 위생과 민족, 가정과 개업의 제씨에게」, 『동아일보』, 1931년 5월 10일자
17 「아동들의 공중위생 열 가지」, 『동아일보』, 1931년 1월 6일
18 강화(講話)는 어떤 주제에 대하여 이야기하듯이 쉽게 풀어서 하는 강의를 뜻함.
19 「본보지국 주최의 마산 아동예찬, 제1회 성적양호」, 『동아일보』, 1930년 2월 16일
20 「태화녀자진찰소, 건강아동진단」, 『동아일보』, 1927년 6월 4일
21 아도르노 & 호르크하이머, 김유동 역, 『계몽의 변증법』, 문학과지성사, 2002, p.21

5. 문화주택

1 국가기록원
2 「주택난(住宅難)의 활증거(活證據)」, 『동아일보』, 1921년 9월 10일
3 일제강점기 동안 주택난을 해소하기 위해 공동주택이 만들어지기도 하였다. 경성부에서 건설하고 관리한 '부영주택'이나 '조선주택영단령'에 바탕을 두고 조선주택영단에 의해 제작된 '영단주택'이 그것이다. '조선주택영단'은 1941년 노무자와 서민에게 주택을 공급하기 위한 목적으로 만들어졌는데 해방 이후에 만들어진 '대한주택공사'의 전신으로 알려져 있다.
4 전남일, 손세관, 양세화, & 홍형옥, 『한국 주거의 사회사』, 돌베개, 2008, p.94
5 「토막이전 거절」, 『동아일보』, 1936년 7월 28일
6 「한편은 간통, 한편은 무고로 양편에서 고소 제기」, 『동아일보』, 1925년 9월 1일
7 하쓰다 토오루, 이태문 역, 『백화점』, 논형, 2003, pp.117-118
8 「송현동 식은촌」, 『동아일보』, 1924년 6월 29일
9 Marilyn W. Klein and David P. Fogle, 『Clues to American Architecture』, Washington & Philadelphia: Starrhill Press, 1985, p.44

[10] 「새해도 가지가지, 문화주택과 빈민굴」, 『조선중앙일보』, 1936년 1월 3일

[11] 베를린

[12] 기분 내키는 대로 마음껏 놀고, 그것에만 몰입하는 상태를 지칭함.

[13] 팔봉(八峰), 「신춘잡필(新秋雜筆)」, 『별건곤』 제1호, 1926년 11월 1일

[14] 격식에 맞게 음식을 장만하여 상을 차림.

[15] 「신생활(新生活)을 하야본 실험(實驗)」, 『별건곤』 제16 · 17호, 1928년 12월 1일

[16] 주재용, 「양주삼의 신학사상」, 『신학연구』 제29집, 한신대학교 한신신학연구소, 1988, pp.7-8

[17] 원래 조반석죽(朝飯夕粥)은 아침에는 밥을 먹고, 저녁에는 죽을 먹는다는 의미로, 매우 가난하고 초라한 삶을 살고 있다는 내포적 의미를 가지는 용어이다. 그러나 여기서 양주삼은 그것의 표면적 의미만을 취해 조죽석반(朝粥夕飯)과 대비해 이야기를 하고 있다.

[18] 보리의 방언.

[19] 오염되지 않은 새것.

[20] 「신생활(新生活)을 하야본 실험(實驗)」, 『별건곤』 제16 · 17호, 1928년 12월 1일

[21] 「신생활(新生活)을 하야본 실험(實驗)」, 『별건곤』 제16 · 17호, 1928년 12월 1일

[22] 「서울호 와이사쓰」, 『동아일보』, 1923년 3월 27일

[23] 「마쓰다 와사팔전구」, 『동아일보』, 1923년 5월 22일

[24] Leigh George, 「The Sun's Only Rival: General Electric's Mazda Trademark and the Marketing of Electric Light」, 『Design Issues』 Vol. 19, No. 1 (Winter, 2003), pp. 62-71

[25] 「조선초유의 라디오 전문상」, 『동아일보』, 1927년 1월 16일

[26] 「JODK 경성방송국」, 『동아일보』, 1927년 6월 26일

[27] 「삼전하귀성기념특가매출」, 『동아일보』, 1922년 4월 30일

[28] 「브런즈윅 축음기」, 『동아일보』, 1924년 7월 14일

[29] 「신춘 오락품! 축음기 파격 대매출」, 『동아일보』, 1925년 1월 28일

[30] 「오락은 화평의 근본」, 『동아일보』, 1921년 4월 9일

[31] 「회화와 조선여자」, 『동아일보』, 1921년 2월 26일

[32] 「넥타이 맵씨 잇게 매는 미국 류학생 연분홍 벽돌의 문화주택 피아노 어멈과 하인을 맘대로 부릴 수 잇는 어엽분 주부 이와 가튼 간지러운 공상이 아직도 혜경의 마음 한 구석에서 꼼지락거리고 잇지 안음은 아니다.」 심훈, 「탈춤(13)」, 『동아일보』, 1926년 11월 21일

[33] 「피아노를 주문하느니 문화주택을 건축하느니…」 최독견, 「황원행(荒原行)」, 『동아일보』, 1929년 6월 17일

[34] 에릭 홉스봄, 정도영 역, 『자본의 시대』, 한길사, 2012, p.444

[35] 생사로 짠 얇고 가벼운 비단.

[36] 「정동 서양인촌」, 『동아일보』, 1924년 7월 30일

[37] 요담(要談)은 긴요한 이야기라는 의미다.

[38] 김윤기, 「유일한 휴양처 안락의 홈은 어떠하게 세울가」, 『동아일보』, 1930년 10월 9일

39 「근대의 서재」, 『동아일보』, 1931년 7월 20일 이 기사에서는 서재에 대해 다음과 같이 묘사하고 있다. 「창은 비교적 크게 하고 카텐으로서 그 광선을 조절하여야합니다. …… 가구로서 가장 필요한 것은 책상과 의자 책꽂는 것 이 세 가지입니다. 그 외에 피곤하여지면 휴식에 쓸 수 잇는 또는 객을 응접 할 때에도 쓸 긴 안락의자와 그 겨테 둘 덕은 다탁자가 잇스면 족합니다. 이 가구의 의장에 관한 근대의 경향은 될수 잇는 대로 외관을 간단히 하야 쓸데업는 장사을 업시하는 것입니다. 그리하야 이 가구는 사용자의 손이 되고 발이 되며 어떤 때는 두뇌까지도 되어줄 수 잇는 것임으로 과학적으로 연구하야 가장 합리적으로 설계하는 것이 필요합니다.」

40 「서양가구와 실내장식품」, 『동아일보』, 1923년 8월 15일

41 일본의 시대 구분에서 대정 시기는 1912년부터 1926년까지를 말한다. 따라서 최창호가 이야기하는 대정 8, 9년은 1920년, 1921년인 것이다.

42 「상공업성공자열전(12): 목스로 성공, 평양 최창호씨」, 『동아일보』, 1927년 1월 13일

43 「오락은 화평의 근본」, 『동아일보』, 1921년 4월 9일

6. 백화점

1 「개화초기(5): 백화점」, 『경향신문』, 1963년 2월 26일

2 발터 벤야민, 조형준 역, 『아케이드 프로젝트1(합본)』, 새물결, 2005, p.141

3 발터 벤야민, 조형준 역, 『아케이드 프로젝트1(합본)』, 새물결, 2005, p.1114

4 발터 벤야민, 조형준 역, 『아케이드 프로젝트1(합본)』, 새물결, 2005, p.976

5 발터 벤야민, 조형준 역, 『아케이드 프로젝트1(합본)』, 새물결, 2005, p.982

6 발터 벤야민, 조형준 역, 『아케이드 프로젝트1(합본)』, 새물결, 2005, p.147

7 가시마 시게루, 장석봉 역, 『백화점의 탄생』, 뿌리와이파리, 2006, p.35

8 손정목, 『한국 개항기 도시변천과정 연구』, 일지사, 1982,

9 하야시 히로시게, 김성호 역, 『미나카이 백화점』, 논형, 2007, pp.26-28

10 하야시 히로시게, 김성호 역, 『미나카이 백화점』, 논형, 2007, pp.26-37

11 손정목, 『한국 개항기 도시변천과정 연구』, 일지사, 1982,

12 하야시 히로시게, 김성호 역, 『미나카이 백화점』, 논형, 2007, pp.44-47

13 정여울, 『시네필다이어리』, 즈음과모음, 2010, p.17

14 조르조 아감벤, 김상운 역, 『세속화 예찬』, 난장, 2010, p.84

15 정칠성, 「엄동설한에 없지 못할 털실 옷의 이익」, 『동아일보』, 1934년 11월 10일

16 「유람버스」, 『동아일보』, 1931년 2월 14일

17 「새로 락성(落成)된 오층루(五層樓) 화신백화점구경기(和信百貨店求景記)」, 『삼천리』 제7권 제9호, 1935년 10월 1일

18 웅초(熊超), 「졸업을 하고 나니!」『별건곤』 제62호, 1933년 4월 1일

19 이상범(李象範), 「세모가두(歲暮街頭)의 불경기 풍경(2)」, 『별건곤』 제35호, 1930년 12월 1일

20 장덕조(張德祚), 「가두(街頭) 女人 風景」, 『별건곤』 제60호, 1933년 2월 1일

21 하쓰다 토오루, 이태문 역, 『백화점』, 논형, 2003, p.264
22 『아케이드 프로젝트』 국역본에는 '유행'이 아니라 '패션'이라는 용어를 사용하였다. 매끄러운 내용 전개를 위해 이 글에서는 '패션'을 '유행'으로 바꾸어 표현하였다. 발터 벤야민, 조형준 역, 『아케이드 프로젝트1(합본)』, 새물결, 2005, p.243
23 「백만원(百萬圓)이 생긴다면 우리는 어떠케 쓸가? 그들의 엉뚱한 리상」, 『별건곤』 제64호, 1933년 6월 1일
24 하쓰다 토오루, 이태문 역, 『백화점』, 논형, 2003, p.110
25 「휴지통」, 『동아일보』, 1935년 12월 18일
26 「휴지통」, 『동아일보』, 1936년 3월 26일
27 발터 벤야민, 조형준 역, 『일방통행로』, 새물결, 2007, pp.46-47
28 발터 벤야민, 조형준 역, 『아케이드 프로젝트1(합본)』, 새물결, 2005, p.277
29 발터 벤야민, 조형준 역, 『아케이드 프로젝트1(합본)』, 새물결, 2005, p.273

7. 기차

1 「건축가 최준석, 서울의 낮과 밤」, 『리빙센스』, 2012년 12월
2 가라타니 고진, 권기돈 역, 『탐구2』, 새물결, 1998, p.12
3 롤랑 바르트, 조광희 역, 『카메라 루시다』, 열화당, 1995, pp.67-78
4 롤랑 바르트, 조광희 역, 『카메라 루시다』, 열화당, 1995, pp.31-33
5 안창모, 『建築家 朴東鎭에 關한 硏究』, 서울대학교 건축학과 박사학위 논문, 1997, pp.40-41
6 박동진, 「우리 건축에 대하야 5」, 『동아일보』, 1931년 3월 19일
7 「유선형은 무엇? 속력을 내기 위하야 기차가 철갑주를 입은 것입니다」, 『동아일보』, 1935년 2월 6일
8 공기나 증기 등의 기체를 뽑아내는 것.
9 아멜리아 에어하트(아메리아 이야하-토), 「百年後의 世界, 교통운수(交通運輸)는 어떠케 될까?」, 『별건곤』, 제73호, 1934년 6월 1일
10 존 헤스켓, 정무환 역, 『산업디자인의 역사』, 시공사, 2004, p.135
11 마리네티, 「미래주의 선언」, 헬렌 암스트롱, 이지원 역, 『그래픽 디자인 이론, 그 사상의 흐름』, 비즈앤비즈, 2009, p.21
12 윤병석, 『이상설전』, 일조각, 1984, pp.83-84
13 오창섭, 『인공낙원을 거닐다』, 시지락, 2005, p.58
14 볼프강 쉬벨부쉬, 박진희 역, 『철도 여행의 역사』, 궁리, 1999, p.25

참고문헌

강신주, 『상처받지 않을 권리』, 프로네시스, 2009
강준만, 『입시전쟁 잔혹사』, 인물과 사상, 2009
고부자, 『우리생활 100년: 옷』, 현암사, 2003
권보드래, 『연애의 시대』, 현실문화연구, 2003
기형도, 『입 속의 검은 잎』, 문학과 지성사, 1994
김진송, 『서울에 딴스홀을 허하라』, 현실문화연구, 1999
김혜경, 『식민지하 근대가족의 형성과 젠더』, 창비, 2006
박태원, 『박태원 소설집: 소설가 구보씨의 일일』, 깊은 샘, 2003
서울시정개발연구원, 『서울 20세기 생활문화변천사』, 서울시정개발연구원, 2001
손정목, 『한국 개항기 도시변천과정 연구』, 일지사, 1982
신동원, 『한국 근대 보건의료사』, 한울아카데미, 1997
안창모, 『建築家 朴東鎭에 關한 硏究』, 서울대학교 건축학과 박사학위 논문, 1997
오창섭, 『인공낙원을 거닐다』, 시지락, 2005
유길준, 『서유견문』, 박영사, 1979
윤병석, 『이상설전』, 일조각, 1984
이영아, 『예쁜 여자 만들기』, 푸른역사, 2011
이진경, 『근대적 시공간의 탄생』, 푸른숲, 2002
이진경, 『노마디즘1』, 휴머니스트, 2002
이진경, 『철학과 굴뚝청소부』, 그린비, 2003
전남일, 손세관, 양세화, 홍형옥, 『한국 주거의 사회사』, 돌베개, 2008
정여울, 『시네필다이어리』, 자음과모음, 2010
정희경, 『시계이야기』, 그책, 2011
주은우, 『시각과 현대성』, 한나래, 2003
주재용, 「양주삼의 신학사상」, 『신학연구』 제29집, 한신대학교 한신신학연구소, 1988
철도청, 『한국철도사 2』, 철도청, 1977
홍성표 외, 『근대의 첫 경험』, 이화여자대학교 출판부, 2006

Adorno, Theodor and Horkheimer, Max. 김유동 역, 『계몽의 변증법』, 문학과 지성사, 2002
Agamben, Giorgio. 김상운 역, 『세속화 예찬』, 난장, 2010
Agamben, Giorgio. 양창렬 역, 『장치란 무엇인가?』, 난장, 2010
Armstrong, Helen. 이지원 역, 『그래픽 디자인 이론, 그 사상의 흐름』, 비즈앤비즈, 2009
Barthes, Roland. 조광희 역, 『카메라 루시다』, 열화당, 1995
Benjamin, Walter. 조형준 역, 『아케이드 프로젝트1(합본)』, 새물결, 2005

Benjamin, Walter. 조형준 역,『일방통행로』, 새물결, 2007

Berger, John. 편집부 역,『이미지』, 동문선, 2000

Crary, Jonathan. 임동근 외 역,『관찰자의 시각: 19세기의 시각과 근대성』, 문화과학사, 2001

Deleuze, Gilles and Guattari, Felix. 김재인 역,『천개의 고원』, 새물결, 2001

Deleuze, Gilles and Guattari, Felix. 최명관 역,『앙띠 오이디푸스』, 민음사, 2002

Doblin, Jay. 이승배 역,『디자인 투시도법』, 미진사, 1993

Foster, Hal. 최연희 역,『시각과 시각성』, 경성대학교 출판부, 2004

Foucault, Michel. 홍성민 역,『임상의학의 탄생』, 이매진, 2006

George, Leigh. 「The Sun's Only Rival: General Electric's Mazda Trademark and the Marketing of Electric Light」,『Design Issues』Vol. 19, No. 1 (Winter, 2003)

Heskett, John. 정무환 역,『산업디자인의 역사』, 시공사, 2004

Hobsbawm, Eric. 정도영 역,『자본의 시대』, 한길사, 2012

Kant, Immanuel. 김상현 역,『판단력 비판』, 책세상, 2005

Klein, Marilyn W. and Fogle, David P.『Clues to American Architecture』, Washington & Philadelphia: Starrhill Press, 1985

Landor, Arnold Henry Savage. 신복용 · 장우영 역,『고요한 아침의 나라 조선』, 집문당, 1999

Le Goff, Jacques. 유희수 역,『서양 중세 문명』, 문학과지성사, 1992

Levin, David Michael. 정성철 외 역,『모더니티와 시각의 헤게모니』, 시각과 언어, 2004

Mitchell, C. Thomas. 김현중 역,『혁신적 디자인 사고』, 도서출판 국제, 1999

Pascal, Blaise. 이환 역,『팡세』, 민음사, 2003

Schivelbusch, Wolfgang. 박진희 역,『철도 여행의 역사』, 궁리, 1999

Walker, John Albert and Chaplin, Sarah. 임산 역,『비주얼 컬처』, 루비박스, 2004

Zizek, Slavoj. 김소연/ 유재희 역,『삐딱하게 보기』, 시각과 언어, 1995

吉田裕, 최혜주 역,『일본의 군대: 병사의 눈으로 본 근대일본』, 논형, 2005

柄谷行人, 권기돈 역,『탐구2』, 새물결, 1998

柄谷行人, 박유하 역,『일본 근대문학의 기원』, 도서출판 b, 2010

伊藤俊治, 김경연 역,『사진과 회화』, 시각과 언어, 2000

吉見俊哉, 이태문 역,『근대의 신체, 운동회』, 논형, 2007

初田亨, 이태문 역,『백화점』, 논형, 2003

鹿島茂, 장석봉 역,『백화점의 탄생』, 뿌리와이파리, 2006

林廣茂, 김성호 역,『미나카이 백화점』, 논형, 2007

김동인,「여인(3)」,『별건곤』제27호, 1930년 3월 1일

김윤기,「유일한 휴양처 안락의 홈은 어떠하게 세울가」,『동아일보』, 1930년 10월 9일

박동진, 「우리 건축에 대하야 5」, 『동아일보』, 1931년 3월 19일

복혜숙, 「'모-단' 서울 설계안」, 『삼천리』 제8권 1호, 1936.01.01

송윤경, 「미혼여성 2명 중 1명만 '결혼 필요해'」, 『경향신문』, 2013년 4월 11일

심훈, 「탈춤(13)」, 『동아일보』, 1926년 11월 21일

아메리아 이야하-토, 「백년 후의 세계, 교통운수는 어떠케 될까?」, 『별건곤』, 제73호, 1934년 6월 1일

안석영, 「여성 선전 시대가 오면」, 『조선일보』, 1930년 1월 12일

웅초, 「졸업을 하고 나니!」 『별건곤』 제62호, 1933년 4월 1일

이상범, 「세모가두의 불경기 풍경(2)」, 『별건곤』 제35호, 1930년 12월 1일

장덕조, 「가두 여인 풍경」, 『별건곤』 제60호, 1933년 2월 1일

전루이사, 「이 다음 조선의 주인, 어린이 기르는 길」, 『동아일보』, 1925년 4월 22일

정칠성, 「엄동설한에 없지 못할 털실 옷의 이익」, 『동아일보』, 1934년 11월 10일

최독견, 「황원행」, 『동아일보』, 1929년 6월 17일

팔봉, 「신춘잡필」, 『별건곤』 제1호, 1926년 11월 1일

「이것이 과연 도깨비인가」, 『매일신보』, 1914년 7월 30일

「회화와 조선여자」, 『동아일보』, 1921년 2월 26일

「오락은 화평의 근본」, 『동아일보』, 1921년 4월 9일

「주택난의 활증거」, 『동아일보』, 1921년 9월 10일

「삼전하귀성기념특가매출」, 『동아일보』, 1922년 4월 30일

「'때의 기념'과 각처 시계검사」, 『동아일보』, 1922년 6월 11일

「서울호 와이샤쓰」, 『동아일보』, 1923년 3월 27일

「마쓰다 와사팔전구」, 『동아일보』, 1923년 5월 22일

「어린이 인도는 엇지하면 조흘가」, 『동아일보』, 1923년 7월 25일

「서양가구와 실내장식품」, 『동아일보』, 1923년 8월 15일

「송현동 식은촌」, 『동아일보』, 1924년 6월 29일

「브런즈윅 축음기」, 『동아일보』, 1924년 7월 14일

「정동 서양인촌」, 『동아일보』, 1924년 7월 30일

「신춘 오락품! 축음기 파격 대매출」, 『동아일보』, 1925년 1월 28일

「어린이 가뎡교육, 어린 아들 딸은 이렇게 기르시오」, 『동아일보』, 1925년 3월 27일

「한편은 간통, 한편은 무고로 양편에서 고소 제기」, 『동아일보』, 1925년 9월 1일

「미인투표, 독자위안, 성진지국주최」, 『동아일보』, 1926년 1월 28일

「실무, 여행, 산보에는 잊지 마십시오. 완권시계를」, 『동아일보』, 1926년 5월 29일

「제반 준비가 완성」, 『동아일보』, 1926년 9월 14일

「상공업성공자열전(12): 목수로 성공, 평양 최창호씨」, 『동아일보』, 1927년 1월 13일

「조선초유의 라디오 전문상」, 『동아일보』, 1927년 1월 16일

「태화녀자진찰소, 건강아동진단」, 『동아일보』, 1927년 6월 4일

「JODK 경성방송국」, 『동아일보』, 1927년 6월 26일

「신생활을 하야본 실험」, 『별건곤』 제16 · 17호, 1928년 12월 1일

「미는 다리에도, 다리의 미용술」, 『조선일보』, 1929년 4월 25일자

「본보지국 주최의 마산 아동예찬, 제1회 성적양호」, 『동아일보』, 1930년 2월 16일

「독서실」, 『동광』 제17호, 1931년 1월 1일

「아동들의 공중위생 열 가지」, 『동아일보』, 1931년 1월 6일

「1931년식 모던 스타킹」, 『동아일보』, 1931년 1월 15일

「유람버스」, 『동아일보』, 1931년 2월 14일

「유아의 위생과 민족, 가정과 개업의 제씨에게」, 『동아일보』, 1931년 5월 10일

「늙으막 뚱뚱보는 장수를 못합니다. 40이 넘어서는 여위도록」, 『동아일보』, 1931년 6월 9일

「근대의 서재」, 『동아일보』, 1931년 7월 20일

「규중의 조선여성은 각선미가 왜 없노」, 『동아일보』, 1931년 9월 29일

「각선미를 위하야」, 『동아일보』, 1932년 3월 26일

「여학생 스커-드는 쩌르게」, 『삼천리』 제4권 5호, 1932년 5월 1일

「여위고 시픈 이는 석류를 잡수시오 지금 헐리우드에서 대류행」, 『동아일보』, 1933년 2월 8일

「백만원이 생긴다면 우리는 어떠케 쓸가? 그들의 엉뚱한 리상」, 『별건곤』 제64호, 1933년 6월 1일

「걷기 좋은 가을! 아가씨 다리들이여 꼿꼿하고 날쌔시라」, 『조선중앙일보』, 1934년 9월 14일

「유선형은 무엇? 속력을 내기 위하야 기차가 철갑주를 입은 것입니다」, 『동아일보』, 1935년 2월 6일

「새로 락성된 오층루 화신백화점 구경기」, 『삼천리』 제7권 제9호, 1935년 10월 1일

「휴지통」, 『동아일보』, 1935년 12월 18일

「새해도 가지가지, 문화주택과 빈민굴」, 『조선중앙일보』, 1936년 1월 3일

「휴지통」, 『동아일보』, 1936년 3월 26일

「토막이전 거절」, 『동아일보』, 1936년 7월 28일

「곡선미를 내는 기계」, 『동아일보』, 1937년 7월 1일

「소학생에 방공지식보급」, 『동아일보』, 1940년 6월 29일

「대개의 뚱뚱보는 가난뱅이 출신?」, 『동아일보』, 1962년 9월 17일

「개화초기(5): 백화점」, 『경향신문』, 1963년 2월 26일

「세계 최초 자동 기관총 '맥심'」, 『세계일보』, 2011년 7월 26일

「건축가 최준석, 서울의 낮과 밤」, 『리빙센스』, 2012년 12월

근대의 역습

우리를 디자인한 근대의 장치들

오창섭 지음

제1판 4쇄   2016년 1월 11일
제1판 1쇄   2013년 11월 1일

●ㅎ시

발행인   홍성택
기획편집   조용범, 김은현
디자인   박선주
주소   06154) 서울특별시 강남구 봉은사로 74길 17
전화   02) 6916-4481
팩스   02) 6916-4478
이메일   editor@hongdesign.com
블로그   hongc.kr
인쇄제작   정민문화사
ISBN   978-89-93941-81-4 03100

이 도서의 국립중앙도서관 출판시도서목록(CIP)은
e-CIP홈페이지(http://www.nl.go.kr/ecip)와
국가자료공동목록시스템(http://www.nl.go.kr/kolisnet)에서
이용하실 수 있습니다. (CIP제어번호: CIP2013019402)

●ㅎ시 ㅎ디자인은 (주)홍시커뮤니케이션의 출판 브랜드입니다.